Bob Blume

Abc der unerschrockenen Quereinsteiger

Ein humorvoller Ratgeber für alle, die plötzlich Lehrer sind

Hinweis: Wir sprechen hier wegen der besseren Lesbarkeit von Schülern, Lehrern und Referendaren in der verallgemeinernden Form. Selbstverständlich sind auch alle Schülerinnen, Lehrerinnen und Referendarinnen gemeint.

Impressum

Abc der unerschrockenen Quereinsteiger

Bob Blume ist Studienrat am Windeck-Gymnasium in Bühl und unterrichtet die Fächer Englisch, Deutsch und Geschichte. Zudem arbeitet er als Multimediaberater und Referent für digitales Arbeiten. Neben seiner Arbeit als Lehrer betreibt er einen YouTube®-Kanal und einen Blog, in dem er über die Herausforderungen des Referendariats, die Chancen der Digitalisierung und politische Themen schreibt. Nebenher veröffentlicht er Texte in verschiedenen Onlinemagazinen – wenn er nicht mit seiner Tochter und seiner Frau das Leben in den Offenburger Weinbergen genießt. Mehr vom Autor:
Twitter®: @blume_bob / Blog: https://bobblume.de
YouTube®: https://www.youtube.com/user/Coymister
Facebook®: Netzlehrer
Podcast: Netzlehrer

1. Auflage 2020

Veritaskai 3 · 21079 Hamburg
Fon (040) 32 50 83-060 · Fax (040) 32 50 83-050
info@aol-verlag.de · www.aol-verlag.de

Redaktion: Kathrin Grüling
Layout/Satz: Satzpunkt Ursula Ewert GmbH, Bayreuth
Cover & Illustrationen: Stefan Quandt, Gütersloh

ISBN: 978-3-403-10491-9

Engagiert unterrichten. Begeistert lernen.

Inhaltsverzeichnis

Einleitung

Zunächst einmal kann man Sie beglückwünschen: Egal aus welchem Grund Sie sich überlegt haben, in den Lehrerberuf zu wechseln, es ist eine gute Entscheidung. Wahrscheinlich haben Sie es sich nicht leicht gemacht und vielleicht ist einer der Gründe dafür, was man über das Lehrerdasein hört. Manchmal geht es um die „faulen Säcke", dann um Brennpunktschulen, dann um den hohen Verwaltungsaufwand. Im Grunde könnte man meinen, Lehrer seien Superhelden ohne Anzug. Was soll ich sagen? Das stimmt.

Aber auch das Dasein als Superheld lässt sich lernen. Dieses Buch soll Ihnen einen ersten Einblick geben. Es soll ein Einstieg sein in eine Welt, die man zwar aus der eigenen Schulzeit kennt, die von der anderen Seite des Pultes aber sehr anders ist, als sich das mancher vorstellen mag.

Die Begleitumstände sind dabei alles andere als leicht. Sie werden in einer Zeit Lehrer, in der mehr als sonst darum gerungen wird, wohin die Bildung

steuert. In der darüber debattiert wird, wie digitale Medien in den Unterricht integriert werden sollen und was modernes, nachhaltiges und zeitgemäßes Lernen überhaupt ausmacht. Das kann für Berufsanfänger einschüchternd sein.
Auf der anderen Seite ergeben sich dadurch auch große Chancen. Anders als jene, die von der Universität ins Referendariat kommen, haben Sie mit großer Wahrscheinlichkeit einen Einblick in Arbeitsstrukturen bekommen, von denen Ihre Schüler profitieren können. Und das, egal ob diese positiv oder negativ waren. Sie haben die Möglichkeit die Themen, die Sie zukünftig mit Ihren Schülern erarbeiten werden, von ganz anderen Perspektiven zu sehen.
Auf der anderen Seite reicht es natürlich nicht, einfach über die eigenen Erfahrungen zu berichten.
So wichtig diese sind, so sehr unterscheidet sich ein Fachvortrag von einem viele Faktoren einschließenden Setting, dass Schülern die Freiheiten gewährt, sich die Themen in ihrem Tempo anzueignen.
Viele dieser Faktoren spielen in diesem Buch eine Rolle. Mehr als alles andere soll es Ihnen dabei helfen, sich im Dschungel der Schule zu orientieren, ein wenig zu lachen und darüber nachzudenken, wie Sie Ihrer Lehrerrolle zukünftig gerecht werden können.

Ich freue mich, dass Sie dabei sind, und hoffe, dass ich Ihnen dabei helfen kann, zum Superhelden zu werden. Denn unsere Schüler haben nichts mehr verdient.

Wenn Sie beim Lesen Fragen haben sollten, können Sie dem Autor jederzeit schreiben (info@bobblume.de), am besten über Twitter® (@blume_bob) oder Instagram® (@netzlehrer). Denn dann werden Sie sehen, welch enormes Potenzial in einem Netzwerk liegt, das über die gemeinsame Kommunikation zu neuen Lösungen kommt.

Viel Spaß beim Kennenlernen der wichtigsten Aspekte, Stolpersteine und schönen Momente.

A wie Anfang

Es ist ein Rennen und Wuseln, ein Schreien und Schimpfen. In einem Ameisenhaufen könnte es nicht chaotischer zurgehen. Erste Gespräche werden geführt, außerhalb des Lehrerzimmers schreien die Schüler sich die Erlebnisse des Sommers mit der Lautstärke eines Flugzeugs ins Ohr. Der Hausmeister wirkt so gestresst, als sei das Burn-out innerhalb der nächsten drei Tage unausweichlich. Und Sie? Sie sind verloren in der Mitte.

Zumindest erscheint es so. Denn Hesse hatte recht, als er sagte, dass allem Anfang ein Zauber innewohne. Dieser Zauber beginnt, zugegeben, zunächst einmal nach den Konferenzen, die immer zu Beginn des Schuljahres stattfinden. Nachdem geklärt ist, wann die Bücher ausgeteilt werden, wer welche Klassenräume bezieht, ob es unvorhergesehene Ereignisse gab und was in der nächsten Zeit ansteht, geht es zumeist für alle in die eigenen Klassen (➪ Klassenlehrer). Zu Beginn ist es unwahrscheinlich, dass man eine eigene Klasse hat. Wahrscheinlicher ist es, dass man sich auf den ersten Fachunterricht vorbereiten (➪ Unterricht) oder organisieren kann (➪ Ordnungssysteme). Der Zauber vom Anfang ist dabei keine Floskel. Verkürzt könnte man sagen, dass die ersten Stunden schon über vieles entscheiden, was später stattfindet. Die Intuition wäre, dass man sich lange vorstellt, wenn man die Klasse betritt. Aber das ist falsch. Die Klasse interessiert zunächst nicht, wer Sie sind, sondern was Sie machen. Danach werden Sie entscheiden, ob sie ihre eigentlich viel wichtigeren Privatgespräche beenden, um zu lernen, zu arbeiten oder ihnen zuzuhören. Beginnen Sie also nicht mit sich, sondern mit der Sache. Wenn Sie das gut machen (➪ Unterricht), dann wird die Zeit kommen, in der Sie auch über sich sprechen können.

A wie Auftreten

Mit Tennissocken ausgestattete Füße in Birkenstocksandalen, kombiniert mit einer karierten Hose, deren Bund bis kurz über den Bauchnabel geht. Das passende Hemd besticht durch seine schrille Farbe. Also wenn man Modeexperten die Tränen in die Augen treiben möchte. Dazu ein leicht schlurfender Gang. All das ist in Lehrerzimmern keine Seltenheit. Lehrer sind zum großen Teil Stilsünder. Aber da Schüler ja Diversität kennenlernen sollen, kann der gewiefte Lehrer sogar sein Modedefizit rechtfertigen.

Wenn man über Auftreten spricht, spielt Kleidung natürlich eine Rolle. Aber nicht nur. Und auch hier kann keine Schulleitung ein Disziplinarverfahren anregen, nur weil die Kleidung, die jemand trägt, in den Augen brennt. Andrerseits hilft eine solche Ummantelung nicht dabei, bei Schülern respektiert zu werden. Dass wir uns nicht falsch verstehen: Sich so anzuziehen wie die Schüler, hilft auch nicht.

REFLEXION?

Hier sind wir bei diesem vagen Wort, das das Gesamtpaket am besten beschreibt: Authentizität. Solange diese nicht beinhaltet, halbnackt durch die Schule zu spazieren, bedeutet das, dass Lehrer heutzutage aussehen können, wie die Gesellschaft eben zusammengesetzt ist. Ob Tattoos, rote Haare, Sandalen – das ist erst mal egal. Viel wichtiger ist das Selbstverständnis.

Und damit ist nicht gemeint, dass man sofort herumschreit oder Strafarbeiten verteilt, nur damit die Schüler kapieren, dass man trotz Sneakers nicht einer von ihnen ist. Sondern im Gegenteil: Es bedeutet, dass man eine Haltung einübt, die Fehler als Lernmöglichkeit toleriert, die auf Augenhöhe klar verdeutlicht, welche Ziele gemeinsam gestaltet werden, und die klarmacht, dass man selbst ein Experte ist in dem, was man tut. Wenn einem dies gelingt, dann verzeihen einem die Schüler alle Modesünden der Welt. Wobei ich mir bei den Socken in den Sandalen nicht sicher bin.

A wie Arbeitsatmosphäre

Könntet ihr mal ...? Könnt ihr bitte ...? Wenn ihr jetzt nicht ... Ich will ... Manchmal hören sich die Phasen, in denen eine Lehrperson Ruhe einfordert, an, wie ein stotternder Motor: abgehackt, ungesund und auch irgendwie traurig. Und spätestens, wenn man mit rotem Kopf und verspannt eine Klasse verlässt, weiß man, dass diese stotternde Daueranweisung keine Strategie sein kann.

Dennoch ist es extrem wichtig, für gute Arbeitsatmosphäre zu sorgen. Dabei verweist der Begriff nicht nur darauf, was passiert (oder nicht passiert), nachdem Sie eine Aufgabe gestellt haben, sondern er beinhaltet alles, was relevant ist, wenn man die Klasse betritt:

- die Art und Weise, wie die Kinder und Jugendlichen miteinander umgehen
- die Art und Weise der Zusammenarbeit in Partner- und Gruppenarbeiten (➪ Sozialformen)
- die Ausstattung des Klassenzimmers

- den Schmuck des Klassenzimmers
- die Art und Weise, in der Gespräche im Plenum geführt werden
- und eben auch die generelle Lautstärke

Das bedeutet freilich nicht, dass es immer mucksmäuschenstill sein muss. Aber es gibt Phasen, in denen die Ruhe eingefordert werden muss. Wenn ein anderer oder Sie sprechen zum Beispiel. Ein wichtiger Punkt (auch für die eigene Gesundheit) ist es, dass Ruhe auch tatsächlich Ruhe bedeutet. Wer nämlich weitermacht, auch wenn es nur „ein bisschen" ruhig ist, der gibt damit zu verstehen, dass er oder sie sich mit weniger zufrieden gibt, als es möglich ist. Und das ist für das generelle Auftreten (➪ Auftreten) und die gesamte Arbeitsatmosphäre schlecht. Zwar reden Schüler gerne privat miteinander, auch im Unterricht, aber ihnen zu erklären, warum man auf eine ruhige und angenehme Atmosphäre besteht, ist für die meisten auch sehr verständlich. Mit anderen Worten: Die Transparenz bei der Erklärung dessen, was man möchte, ist wichtig dafür, dass es dann auch umgesetzt wird. Nicht nur bei der Arbeitsatmosphäre.

B wie Binnendifferenzierung

Jede Profession hat ihre Stereotype. Wenn Unbeteiligte an Lehrer denken, dann spielen dabei zweifelsohne die eigenen Erfahrungen aus der Schulzeit eine große Rolle. Der zerzauste, chaotische Mathelehrer im ewiggleichen Pullover, den er auch im Sommer trägt. Die Klassenlehrerin mit der weichen, aber durchdringenden Stimme, dem runden Gesicht mit den silbernen Ohrringen und dem pädagogisch wertvollen Kopfnicken. Und eben ein Haufen von Pädagogen, die sich an Wörtern ergötzen, die sich so anhören, als habe es jemand auf die deutsche Sprache abgesehen: Kompetenznachweis, didaktische Rahmenplanung, Medienentwicklungsplan ...
Das Problem bei Stereotypen ist: Oftmals haben sie einen wahren Kern. Viele Wörter aus der Pädagogik und der (Fach-)Didaktik sind wahre Ungetüme. Aber die Konzepte, die sich hinter ihnen verbergen sind oftmals wichtig dafür, Unterricht zu planen.

Binnendifferenzierung bedeutet knapp gesagt, den verschiedenen Lerntypen mit ihren Fähigkeiten, Talenten und Problemen gerecht zu werden. Dabei ist die Lehrperson oftmals in einem Dilemma. Auf der einen Seite sieht man sich mit einem Bildungsplan konfrontiert, der vorgibt, dass alle Schüler gleichermaßen die Themen verstehen und nachvollziehen können. Alle Lerner sollen die nötigen Methoden und Kompetenzen erwerben, um Probleme zu lösen. Auf der anderen Seite steht die Lehrkraft, die auf jeden Einzelnen eingehen soll. Wie passt das zusammen? Eigentlich geht das nur schwer, könnte man vage sagen. Grund- und Gemeinschaftsschulen sind schon weit, was Konzepte der eigenständigen Arbeit angeht. Denn: Wer seinen eigenen Arbeitsplan erstellt, selbst entscheidet, woran er arbeitet, und immer besser reflektieren kann, was er gut oder noch nicht so gut kann, der differenziert von selbst. Im Gymnasium ist diese Form der Differenzierung noch nicht so weit fortgeschritten. Hier kann Differenzierung entweder darüber entstehen, dass die Aufgabenformen mit unterschiedlichen Schwierigkeitsgraden erstellt werden. Oder eben, indem viele Phasen eingebaut werden, in denen offenes Arbeiten stattfindet, das selbstbestimmt durchgeführt werden kann. So oder so ist es gerade als Berufsanfänger wichtig anzuerkennen, dass es utopisch wäre anzunehmen, dass alle Schüler einer

Klasse auf einem Stand sind. Das Gegenteil anzunehmen, ist eine sehr wichtige Ausgangsposition für eine gelingende Unterrichtsvorbereitung.

C wie Computereinsatz

Eine Schülerin postet das letzte Bild, das sie zeigt, wie sie lernt. Sie kommuniziert über einen Gruppenchat über die nächste Aufgabe, terminiert die nächsten Schritte. Sie teilt ihr Dokument, sodass andere es kommentieren können. Und dann geht sie in die Schule. Dort legt ein Lehrer eine Folie auf den Overheadprojektor und schreibt die Anweisung an die Kreidetafel. Und ja: Vielleicht schaut sie sich auf YouTube® an, wie man die Lippen so auf Hochglanz bekommt, dass man aussieht wie aus einem Modekatalog.

Der Punkt ist: Sie lebt im Netz, wie sie in der „freien Wildbahn" lebt. Das mag manchmal überhastet sein oder aus den Augen der Erwachsenen zu offenherzig. Aber es ist vor allem zeitgemäß. Denn wir leben in einer Zeit, in der nahezu jeder Jugendliche ein Smartphone hat, das mittlerweile mehr kann, als jede Zukunftsvision es hätte vorausahnen können. Ob all jene Dinge, die man im Netz tut, gleich einen pädagogischen Wert haben, darf getrost bezweifelt werden. Aber es darf ebenso bezweifelt werden, ob denn alles so schlecht ist, wie es die Weltuntergangspropheten herbeischreiben wollen.

Viel erreicht ist schon, wenn man Schülern die Chance gibt, ihre Kulturtechniken im Unterricht zu thematisieren. Und ein (riesiger) weiterer Schritt ist es, die nicht mehr ganz so neue Technik in den Unterricht zu integrieren. Dafür gibt es keine Rezepte. Es ist fachabhängig, was genau man tun kann. So zum Beispiel:

- Blogs und Kommentare schreiben
- Bilder im Unterricht machen und archivieren
- Aussagen überprüfen und googeln
- miteinander über verschiedene Kanäle kommunizieren (soweit erlaubt)
- über die Wirkung des Netzes anhand von Beispielen sprechen
- soziale Netzwerke für die Arbeit mit Literatur nutzen

Bevor Sie allerdings ein innovatives Feuerwerk abbrennen, sollten Sie sich immer über die etwaigen Regeln informieren und beobachten, wie die Schulleitung dazu steht.

Aus vielen Gesprächen rund um das Thema ergibt sich aber häufig: Ein wirklicher Standpunkt ist oft (noch) gar nicht vorhanden. Die Schulen suchen händeringend nach Kollegen, die didaktische oder technische Konzepte erstellen können. Vielleicht ist ebendies Ihre Chance, sich gewinnbringend einzubringen.

D wie Deputat

Lehrer haben vormittags recht und nachmittags frei. Das weiß jeder. Aber seine weißen Tennissocken kann man natürlich nur deshalb so relaxed über den Gartenteich hängen, weil nachmittags nichts mehr zu tun ist. Kein Wunder, arbeitet doch ein Gymnasiallehrer nur 25 Stunden. Das ist quasi Ferienzeit schon vor den Ferien. Und nun entschuldigen Sie mich bitte, ich habe schon wieder frei.

Es gibt wohl nicht wenige Lehrer, die sich freuen würden, wenn die Vorurteile stimmen würden. Das Problem ist, dass eine Stunde nicht immer eine Stunde ist.

Das Deputat ist in der Tat erst einmal die Anzahl der Unterrichtsstunden, die eine Lehrkraft zu geben hat. Allerdings ist darin nichts berücksichtigt, was über diese eigentliche Stunde hinausgeht. Kein Planen, Erstellen von Materialien, Suchen, Vorbereiten, Mailen, Sprechen, Nachfragen, Anordnen. Keine

Gesamtlehrerkonferenz, keine Fachkonferenz, kein Arbeitskreis, keine pädagogischen Tage. Keine außerunterrichtlichen Veranstaltungen, keine Klassenfahrt, kein Tagesausflug. Keine Elterngespräche, Gespräche mit Kolleginnen und Kollegen und so weiter.

Sie verstehen also, dass das Deputat nur sehr wenig über die eigentliche Arbeitszeit aussagt. Ganz grob gesagt kann man rechnen, dass man das Deputat mal zwei nimmt, um eine Idee davon zu bekommen, wie lange man in der Woche tatsächlich arbeitet.

Aber selbst dann ist es schwierig, weil die Schule auch immer vom Engagement einzelner Kollegen lebt. Dieses lohnt sich oft. Ob man nun Vertrauenslehrerin ist, die Theater-AG oder eben eine andere AG leitet, die sich vielleicht am Job orientiert, den man vorher hatte. All das macht Spaß, ist aber bezogen auf den Zeitaufwand nahezu immer mehr als eine Stunde. Die Deputatsstunden selbst sind die Stunden, die man im Fach in einer Woche hat. Deutsch in der fünften Klasse sind beispielsweise vier Stunden. Geschichte in der sechsten Klasse nur zwei. Rechnet man das bis 25, weiß man, wie viele Klassen man ungefähr hat. Um ein Gefühl für die Arbeitsbelastung zu bekommen, ist es jedoch ratsam, zunächst einmal mit einem Zweidrittel Deputat zu beginnen. Wenn man es schafft, die Übersicht zu behalten, und mit der Planung hinterherkommt, kann man im nächsten Jahr Stunden aufstocken.

D wie Doppelstunde

Vielleicht kennen Sie diese Lehrer noch von früher: Wenn der etwas ältere Herr mit dem grauen Haar und dem freundlichen Gesichtsausdruck seinen ersten Satz beendet hat, fragt man sich als Schüler, wie ein einzelner Mensch so viel erzählen kann, ohne zu atmen. Oder so mancher wünscht sich, dass der Dauerschwafler gleich ganz den Geist oder zumindest das Bewusstsein aufgäbe, damit das langsame Dahinsiechen endlich aufhöre. Der tragische Blick auf die Uhr bekommt einen ganz anderen Horror, wenn man als Schüler weiß, dass es sich nicht um 45 Minuten, sondern um 90 handelt, in denen man verharren muss.

90 Minuten hören sich nach einer langen Zeitspanne an. Und in der Tat sind sie das auch, zumindest dann, wenn man nicht selbst aktiv werden kann. Und aktiv werden heißt in diesem Fall nicht einfach, alle 20 Minuten eine Frage zu beantworten. Das bedeutet für die Lehrkraft, dass die Stunde(n)

anders zu planen ist. Bei einer Einzelstunde liegt das Gewicht zwar auch auf der aktiven Erarbeitung des Unterrichtsgegenstands, aber dieser muss eingeführt, erklärt und dann noch gesichert und womöglich auf einen anderen Bereich übertragen werden – der sogenannte Transfer. Bei einer Doppelstunde kann man sich für jede einzelne Phase – Einstieg, Erarbeitung, Präsentation, Sicherung und Transfer – mehr Zeit nehmen. Eine genaue Angabe ist nicht möglich, denn zu sehr unterscheiden sich die verschiedenen Unterrichtsgegenstände. Aber über den Daumen gepeilt ist ein Einstieg nicht länger als zehn Minuten. Die Erarbeitungsphase, während der die Lehrperson auch herumlaufen und Hilfestellungen geben kann, ist die längste Phase (zumindest, wenn man davon ausgeht, dass sie bei einer Gruppenarbeit alle betrifft). Sie kann bis zu 45 Minuten oder sogar länger dauern.

Die Präsentationen sind jene Phase, in der die Schüler sich untereinander zeigen, was sie erarbeitet haben. Hier setzen zahlreiche didaktische Kniffe an, denn man möchte vermeiden, dass alle dasselbe gemacht haben. Gleichzeitig will man garantieren, dass auch jene, die ein Thema nicht erarbeitet haben, die wichtigsten Erkenntnisse mitnehmen. Keine leichte Aufgabe.

Der Transfer kann vieles umschließen. Ganz generell versucht die Lehrperson in dieser Phase, ein anderes „Problem“ aus demselben Spektrum anzubieten, sodass die Schüler die zuvor erlangte Kompetenz direkt auf einen anderen Gegenstand anwenden können.

Die Doppelstunde bietet also für eine tiefgründige Beschäftigung genügend Zeit. Zeit auch dafür, dass die Schüler mal eine kleine Verschnaufpause machen können. Währenddessen kann man einfach mal quatschen, Bewegungsübungen machen oder sie bewusst vom Thema abschweifen lassen – um dann wieder richtig durchstarten zu können.

E wie Einstiege

Wenn man im Netz schaut, auf welche Art und Weise nach Einstiegen in eine Stunde gefragt wird, stelle ich mir immer vor, wie diejenigen wohl ihren Urlaub planen: immer vom Parkplatz aus. Egal ob es nun an den Strand geht oder in eine Kathedrale, Hauptsache der Parkplatz ist wunderschön. Denn da fängt man ja an. Dass es eventuell intelligent sein könnte, zunächst einmal das Wichtigste in den Mittelpunkt zu stellen – z. B. den Museumsbesuch – und erst dann zu schauen, welche Parkplätze in der Nähe sind, geht den meisten dann wohl erst auf, wenn sie einige Kilometer gelaufen sind.
So ähnlich ist das auch mit den Einstiegen. Sie stehen, was die Chronologie des Unterrichts angeht, zwar am Anfang, was aber die Planung angeht, stehen sie am Ende. Das ist dann logisch, wenn man sich vor Augen führt, was ein Einstieg soll: Im besten Fall leitet er auf den Kern über, den Gegenstand der Stunde. Dabei ist es unerheblich, welche Art von Einstieg es ist: Von Fragen über Bildimpulse oder

Bildbeschreibungen, Thesen, Behauptungen oder stille Impulse gibt es zahlreiche Möglichkeiten. Das Wichtige ist, dass der Einstieg nicht nur „irgendwie nett“ daherkommt, aber ansonsten nichts mit dem eigentlichen Thema zu tun hat. Motivation ist gut, aber Funktionalität ist wichtiger.

Ein Einstieg kann beispielsweise ein Problem sein, über das die Lehrperson spricht und dass die Schüler lösen sollen. Das Lösen des Problems geschieht dann in der wichtigen nachfolgenden Phase (➪ Erarbeitungsphase). Es ist wichtig, dass man den Einstieg als Phase des Unterrichts anerkennt und ernst nimmt, also nicht einfach loslegt, sondern sich Gedanken darüber macht, wie man zum Thema leiten kann. Genauso wichtig ist es aber auch, den genauen Gegenstand des Unterrichts zu kennen. Gegenstand heißt hier im Übrigen weder, dass es um etwas geht, was man anfassen kann, noch bedeutet es, dass es das Thema ist. Ein Thema ist viel umfänglicher als ein Gegenstand. Der Unterrichtsgegenstand die Erkenntnis, die die Schüler erarbeiten. Es kann ein Konflikt sein, eine Methode, eine Problemlösungsstrategie und vieles mehr. Wenn ich mir einen Einstieg überlege, der die Schüler mitnimmt, sollte es also einer sein, der im besten Fall gleichzeitig aufregend ist, es aber auch schafft, auf den Gegenstand der Stunde hinzuweisen.

E wie Elternarbeit

Es gibt diesen Comic, der pünktlich jedes Jahr durch diverse Lehrergruppen wandert. Er zeigt zwei Szenen: einmal Schule in den 70ern. Aufgebrachte Eltern haben ein schlechtes Zeugnis in der Hand und schreien ein verängstigtes Kind an. Dahinter, am Pult, ist eine lächelnde Lehrerin. Dann die Schule unserer Zeit. Gleiche Szene. Aber die Eltern schreien die verschreckte Lehrerin an. Dahinter sieht man das lächelnde Kind. Das, so suggeriert der Comic, ist die Veränderung, die in 50 Jahren Schule stattgefunden hat.

Egal ob man dazu neigt, schwarzmalerisch oder realistisch zu sein: Elternarbeit ist ein wichtiger Teil schulischer Arbeit. Und wie in anderen Bereichen der Schule, ist es eben einfacher, wenn man zusammenarbeitet als gegeneinander. Was bedeutet das?

Zunächst einmal bedeutet es das Verständnis für Eltern. Denn es geht um ihre Kinder. Als Lehrer hat man mitunter über hundert Kinder, denen man gerecht werden will. Eltern haben da einen anderen Fokus. Dieses Verständnis ist die Grundlage einer gemeinsamen Arbeit.

Diese läuft auf verschiedenen Ebenen ab. Viele Schulen haben Elternsprechtage, die allerdings oft so eng getaktet sind, dass für das einzelne Kind gerade zehn Minuten übrig bleiben. Normalerweise gibt es auch Sprechstunden, die jeder Lehrer jede Woche zur Verfügung stellt. Diese werden natürlicherweise eher dann genutzt, wenn es gar nicht mehr anders geht. Und das ist suboptimal. Insofern ist man vor allem als Klassenlehrer angehalten, den Eltern zu sagen, wie wichtig eine transparente Kommunikation ist.

Manche Lehrer beginnen zunächst mit Mails, um dann, wenn das Thema ein ernsteres ist (Verletzungsgefahr, ständige Konflikte, Mobbing), einen Gesprächstermin auszumachen. So oder so ist ein Tipp, dass man nicht sofort antwortet. Nicht, um irgendjemanden zu verärgern, im Gegenteil. Sondern um sich selbst die Gelegenheit zu geben, sachlich und konfliktvermeidend an die ganze Sache heranzugehen. Denn Zusammenarbeit wird immer als konstruktiver wahrgenommen als Konflikte. Und dann lässt sich auch eine Szene wie in dem Comic vermeiden.

E wie Erarbeitungsphase

Der Kollege schnaubt, während er in die Kaffeeküche schlappt. Nichts haben die Schüler gelernt in der letzten Stunde, gar nichts. Sie konnten nicht eine Sache wiederholen, obwohl er ihnen umfassend und eindeutig erklärt habe, dass dieses Thema das wohl relevanteste ist, von dem sie je im Leben hören werden. Aber nein, die heutige Jugend kann ja nicht mal mehr eine Stunde still sein. Der Kollege gießt schnell einen Kaffee über den Frust und verlässt mit der Klingel grunzend den Therapieort, um den nächsten ungezogenen Blagen das Leben zu bereichern.

Es gibt diesen Spruch: „Das, was dem Lernen am meisten schadet, ist ein redender Lehrer.“ Da ist was dran. Das bedeutet natürlich nicht, dass die Lehrerin nicht sprechen darf. Nein, das soll sie sogar. Da, wo es sich anbietet. Auch in Zeiten von Internet und Spielekultur ist eine gute Geschichte immer noch spannend. Aber eine solche Geschichte darf nicht zur Regelmäßigkeit werden.

Jeder, der schon einmal etwas für sich gelernt hat, weiß, dass Lernen immer Tätigkeit ist. Man kann zwar zuhören und mitschreiben, aber es würde wohl keinem einfallen, dass jemand nach zehn Theoriestunden der perfekte Autofahrer ist. Es geht immer darum, dass man sich die Dinge selbst aneignet. Außerhalb der Schule ist das nicht ganz so schwer, weil die Themen, die man sich aneignet, selbst ausgewählt worden sind. Sie geschehen aus dem eigenen Wunsch heraus. Innerhalb der Schule muss man diese interne Motivation herbeiführen. So oder so braucht es aber in jeder Stunde Zeit, in der die Schüler selbst arbeiten können. Diese Phase ist der Kern der Stunde. Sie wird meist treffend Erarbeitungsphase genannt. Es bedeutet schlicht, dass die Schüler das, was sie kennengelernt haben, nun auch anwenden. Sie sprechen darüber, sie lesen darüber oder sie probieren aus, wie es geht. Sie lösen Probleme, diskutieren etwas aus usw. Die Erarbeitungsphase ist also jene Phase, in der entweder individuell oder innerhalb der Gruppe gearbeitet wird. Meist steht am Ende dann eine Präsentation, in der überprüft und diskutiert werden kann, inwiefern das Thema in der eigenen Arbeit verstanden wurde.

Letztlich geht es also in der Erarbeitungsphase darum, Räume zu eröffnen, die die eigene Aneignung, die eigene Tätigkeit der Schüler zulassen.

E wie Einheit

Die Spannung ist kaum auszuhalten. Ein brennendes Auto überschlägt sich in Zeitlupe, während der Held gerade noch rechtzeitig unter einer automatisch nach unten schnellenden Falltür in Sicherheit rutscht. Dort lauert ein Monster – und schon ist die Folge der Lieblingsserie vorbei. Erst am Ende wird sich zeigen, dass der vermeintliche Held der neuen Staffel eigentlich der Bösewicht war, und die Macher werden sich auf einer Bühne mit einer goldenen Figur bedanken.

So gerne manch ein Lehrer für die geleistete Arbeit einen Oscar hätte, so unwahrscheinlich ist es wohl, dass sich diese Form von Wertschätzung für einen Lehrer ergibt, der eine gute Unterrichtseinheit geplant hat. Wie in dem Beispiel ist die Einheit eine über mehrere Wochen gehende, thematisch abgeschlossene Struktur. Also quasi die Staffel. Die einzelnen Folgen sind dann jeweils die Stunden und Doppelstunden. Dann hören die Gemeinsamkeiten aber auch schon auf. Das Stichwort bei einer guten Unterrichtseinheit ist Progression, also ein Ablauf, in der die ersten Stunden die Grundlage für das legen, was als Nächstes kommt. Das ist deshalb schwierig, weil man sich an einem Ideal ausrichtet, das es nicht gibt. Stunden fallen wegen Vorkommnissen aus, die Schüler sind langsamer oder schneller, als man gedacht hat. Und so weiter.

Ein Ansatz für Anfänger ist es sicherlich immer, mit Schulbüchern zu beginnen. Das müssen gar nicht jene sein, die die Schule später auch nutzt. Vielleicht weiß man das noch gar nicht. Es geht vielmehr darum, nachzuvollziehen, wie in dem eigenen Themengebiet bei jeweiligen Klassenstufen Themen aufgeteilt werden.

Von diesem Punkt ausgehend liegt es natürlich im Ermessensspielraum des Lehrers, die Einheit auf bestimmte Themen oder Methoden zu fokussieren. Zumindest, insofern sie dem Bildungsplan des jeweiligen Bundeslandes entsprechen. Auch hier ist ein guter Tipp, den Bildungsplan zu googeln und mit Schulbüchern abzugleichen. Daraus ergeben sich schon erste Ansätze, wie man eine Einheit (oder Reihe, lang: Unterrichtsreihe) planen kann. Am Ende gibt es zwar eine Klassenarbeit und keinen Oscar, aber immerhin auch keine brennenden oder explodierenden Autos.

F wie Fachwissen

Wenn man die Herkunft des Wortes „Idiot“ nachschaut, stößt man auf nichts Überraschendes. Ein Idiot wird dort als Schwachsinniger oder Trottel beschrieben, als jemand aus dem Volk, ein ungelehrter Mann. Wer öfter mal die Kommentarspalten amerikanischer Digitalunternehmen liest, der kennt diesen Typen sehr genau. Umso merkwürdiger ist es, dass es Fachidioten geben soll. Wie kann man gleichzeitig Idiot und vom Fach sein?

Zunächst einmal eine steile These, die viele moderne Lehrpersonen nicht mehr unterschreiben würden: Fachwissen wird unterbewertet. Es ist wichtig, es ist die Grundlage dafür, dass man gut unterrichten kann. Denn Fachwissen bedeutet im besten Fall, dass man Zusammenhänge herstellen, abstrakt verbinden und vor allen Dingen so reduzieren kann, dass es Schüler verstehen. Man kann nur Dinge lehren, die man selbst sehr genau verstanden hat. Insofern hat man als Quereinsteiger einen Vorteil, den „normale“ Lehrpersonen nicht haben: eine Kombination aus einer sehr intensiven theoretischen Ausbildung und Praxiserfahrung. Das kann aber auch zum Problem werden.

Zum einen kann die Kehrseite davon sein, dass man zu begeistert von einer Sache ist, dass man zu leidenschaftlich wird. Man lässt keine Antworten zu und redet selbst zu viel. Dass das nicht der Sinn von Unterricht ist, sollte deutlich sein (➪ Erarbeitungsphase).

Zum anderen beschränkt es die Offenheit für alternative Überlegungen seitens der Schüler. Denn man „weiß Bescheid“, ist der „Experte“. An dieser Stelle eine Floskel, die keine ist: Ein guter Lehrer ist immer ein Lerner. Selbst wenn man sehr gut war oder ist in dem, was man gemacht hat: Die Offenheit gegenüber Neuem, vor allem, wenn es junge Menschen äußern, ist ein sehr wichtiger Bestandteil des Berufs – sofern man kein Tyrann vor der Klasse sein will; oder eben einfach ein Fachidiot.

G wie Grundsätze

Zum achtundneunzigsten Mal kratzt die Kreide über die Tafel. Der Schüler hat schon die dritte Kreide aufgebraucht. Er hatte die wahnsinnige Frechheit besessen, zu sprechen, während die Lehrperson etwas erklärt hat. Unfassbar! Nun schreibt er hundert Mal, dass das so nicht wieder vorkommt. Das wird dem renitenten Störer eine Lehre sein: Grundsätze sind Grundsätze.

Den meisten ist wahrscheinlich klar, dass eine Szene wie die beschriebene eher bei den Simpsons vorkommt. Oder eben 50 Jahre her ist. Aber sie betrifft einen wichtigen Punkt, nämlich den, welche Grundsätze man tatsächlich hat. Damit sind nicht zwangsläufig Klassenregeln gemeint, die sich auch besser zusammen mit den Kindern und Jugendlichen entwickeln lassen. Sondern es geht darum, welchen Umgang man einfordert. Und wie man dies nachhaltig gestaltet.

Wieder so eine Phrase: Kinder sind keine Erwachsenen. Man ist in keiner Projektleitung, wo die Leute dafür bezahlt werden, dass sie einem zuhören. Leider ist man auch nicht immer in der Situation, dass man einen so spannenden Stoff unterrichtet, dass alle hin und weg sind. Meistens gibt man sich als Lehrer Mühe, etwas, das man im höchsten Fall selbst gut findet, so zu präsentieren, dass ein paar Schüler mitgenommen werden. Dass da mal jemand nicht zuhört oder reinredet, ist mehr als klar. Dann aber direkt ein Donnerwetter loszuschlagen oder gar eine martialische Strafarbeit wie oben, kann sehr kontraproduktiv sein. Im besten Fall schafft man es, transparent zu sein, sodass die Schüler wissen, woran sie sind. Bei solchen Grundsätzen ist es immer gut, sich auch mit den Kollegen auszutauschen. Generell kann man sich selbst diese Fragen stellen:

- Welcher Umgang ist mir wichtig?
- Welche Form der Kommunikation möchte ich haben?
- Wie fordere ich dies ein?
- Wie behandle ich verschiedene Vergehen?
- Wie fordere ich Ruhe ein?
- Wie reagiere ich auf Störungen?
- Wie möchte ich wahrgenommen werden?
- Wie sorge ich dafür, dass meine Entscheidungen transparent gegenüber den Schülern sind?

Natürlich entwickelt man vor allem während der Zeit als Lehrperson Grundsätze, die sich dann festigen. Und das ist auch gut. Dennoch: Gute Grundsätze sind immer nur so gut wie der Wille, sie an neue Gegebenheiten anzupassen.

H wie Hausaufgaben

Mit tiefen Augenringen quält der geschundene Oberstufenschüler sich in die letzten Meter des riesigen Berges an Nacharbeit. Drei Dosen eines Energieerfrischungsgetränks verdeutlichen schmerzhaft, dass noch lange nicht Schluss ist. Für Freizeit ist genauso wenig Zeit wie bei einem Unternehmer der obersten Führungsriege.

So hören sich die Geschichten zumindest an, wenn man die Schüler fragt. Und vielleicht ist in bestimmten Phasen auch etwas dran. Denn man muss immer daran denken, dass Schüler an einem Tag bis zu fünf Fächer haben. Wenn jeder Lehrer Hausaufgaben aufgibt, dann wird es sportlich. Natürlich sind die Schüler auch nicht doof. So eine WhatsApp®-Gruppe kann die lästige eigene Arbeit heutzutage sehr viel erträglicher machen. Und ansonsten gibt es ja wie in jeder Generation noch die zehn Minuten vor Unterrichtsbeginn.

Wie auch immer: Das Beispiel verdeutlicht, dass man als Lehrer genau überlegen sollte, was er mit den Hausaufgaben eigentlich erreichen will. Es gibt sogar Schulen, in denen es gar keine Hausaufgaben gibt, und auch jene dort beschulten Schüler schaffen es, im Leben zu bestehen.

Eine Hausaufgabe kann verschiedene Zwecke erfüllen. Sie soll das Wissen festigen, üben oder die Möglichkeit eines Transfers geben. Das bedeutet dann, dass die Schüler eine erlernte Methode auf einen anderen Gegensand anwenden. Klassisch ist das in Mathematik der Fall, wenn eben andere Aufgaben gerechnet werden.

Was vielen noch nicht bewusst ist: Das Internet bietet nicht nur die Möglichkeiten abzukupfern, sondern auch die klassische Unterrichtssituation umzukehren. Beim sogenannten Flipped Classroom ist das Konzept, dass die Inputphase nach Hause verlagert wird. Das bedeutet nicht, dass der Lehrer nicht mehr erklären soll. Im Gegenteil: In der Präsenzphase, in der der Lehrer helfen kann, werden die Transferaufgaben gerechnet (oder was auch immer gerade gemacht wird). Anstatt in der Klasse lange Erklärungen zu geben, fallen die Erklärungen auf die Phase nach Hause. YouTube®-Videos können sehr gut dafür genutzt werden.

Oft bietet es sich an, dass die Schüler Fragen zu den Videos beantworten müssen, damit sichergestellt ist, dass sie die Aufgaben auch machen. So oder so: Die Zeit ist ein kostbares Gut. In jungen Jahren genau wie später. Deshalb sollte man sich Gedanken darüber machen, inwiefern eine Hausaufgabe – zumal eine, die viel Zeit in Anspruch nimmt – gerechtfertigt ist. Und wenn man mal keine Hausaufgabe gibt, werden die Schüler sicherlich auch nicht böse sein.

I wie Inspiration

Der Lehrer kommt mit Perücke und Dress aus der frühen Neuzeit in die Klasse. Langsamen Schrittes mustert er die Schülerschar, setzt einen Stöckelschuh vor den anderen. Das Puder von seinem Gesicht rieselt leise auf die Schüler aus der ersten Reihe, deren weit aufgerissene Augen nur vermuten lassen, dass sie entweder fasziniert oder verstört sind. Vermutlich beides. Besser kann man als Lehrer Ludwig XVI. nicht einführen.

Allerdings wäre es wahrscheinlich etwas anspruchsvoll, jeden Tag als eine historische Figur in die Klasse zu kommen. Und auf dem Weg zur Schule in den öffentlichen Verkehrsmitteln halten einen wohl die meisten für verrückt. Dennoch: Inspiration gehört zum Lehrerberuf dazu. Es ist jenes mythische Element, das täglich Referendare in die Verzweiflung und in Facebook®-Gruppen treibt (dort wird die Verzweiflung dann meistens um die zehnte Potenz gesteigert).

Warum ein solches Aufsehen machen? In der Lehrerausbildung geht es unter anderem um innovative Zugänge. Und die brauchen eben Inspiration. Diese Innovationen sind aber kein Selbstzweck. Wenn Unterricht die Schüler mitnehmen soll, dann sollte er sie motivieren. Das kann auf die verschiedenste Art und Weise geschehen. Mal kann es eine provokante These sein, ein Lied oder ein Video. Man kann nach draußen gehen oder eine lustige Geschichte erzählen. Was auch immer. Das, was wichtig ist, lässt sich auf zwei Sätze bringen: Wenn man es schafft, ein Thema kreativ zu erschließen, ist das großartig. Und wenn nicht, kein Beinbruch. Manchmal ist die beste Stunde jene, in der etwas passiert, was man nicht geplant hat. Das sollte dennoch nicht bedeuten, dass man sich nicht vorbereitet. Wenn die Inspiration nicht kommt, dann kommt sie eben in der nächsten Stunde. Eine Krone im Schrank zu haben, ist auf jeden Fall nicht verkehrt.

J wie Jahresplanung

Als Jugendlicher ist das Leben so schön. Man muss nicht nur über Monate hinwegplanen, man kann es gar nicht. Nach einigen Jahren als Lehrer denke ich sogar, dass Jugendliche einen in der Pubertät initiierten Defekt haben, der es ihnen unmöglich macht, weiter als drei Tage zu blicken. Und das ist ein sehr hoher Wert. Anders ist es nämlich nicht zu erklären, wie es Schüler schaffen, innerhalb einer Woche einfachste Dinge zu vergessen, zu leugnen, je von einem Termin gehört zu haben, oder schlicht indifferent zu schauen, wenn man sie erinnert, dass etwas Wichtiges ansteht. Leider ist das bei den Lehrern genau andersherum.

In den ersten Konferenzen des Schuljahres werden Termine genannt, die erst acht Monate später stattfinden. Da ist man dann ganz Schüler, denn man vergisst es natürlich auch. Vielleicht nach längerer Zeit als nach drei Tagen, aber auf jeden Fall so, dass man die wichtigste Klassenarbeit des Jahres an genau den Termin legt. Das ist natürlich zu reparieren.

Schwieriger wird es, wenn man ein Jahr Unterricht planen soll, und zwar möglichst so, dass alles, was irgendwie vorgegeben ist, „durchgebracht" wird. Eigentlich mag man meinen, die Zeit, in der man „Stoff" beibringt, sei vorbei. Aber so einfach ist es eben nicht. So muss man in Geschichte in der achten Klasse beispielsweise in einem Jahr von der französischen Revolution zum Ende der Weimarer Republik kommen. Über 100 Jahre in einem Schuljahr. Das ist nicht nur sportlich, sondern zwingend, wenn man nicht will, dass die Schüler in einem Schuljahr damit aufhören, dass das Deutsche Reich unter Bismarck neue Kriegsschiffe bauen will und im nächsten Schuljahr Hitler plötzlich an der Macht ist.

Jahresplanung ist in erster Linie Erfahrung. Allerdings bietet es sich immer an, Curricula zu Rate zu ziehen, die die Verlage anbieten. Man muss es dann nicht genauso machen und spätestens nach ein paar Monaten wird man sich an den „Mut zur Lücke" erinnern, der im Studium immer mal wieder eine Rolle gespielt hat. Aber dennoch hat man eine Orientierung, und die ist enorm wichtig. Nicht nur, um die Übersicht zu wahren, sondern auch, um nicht selbst in Stress zu kommen.

Auch hier gilt: Kollegen haben meistens zahlreiche Jahrespläne erstellt und lassen einen sicher mal nachschauen, wie das Ganze aussehen kann. Nach und nach findet man dann eine eigene Form und kann so davon profitieren, immer zu wissen, was man in welcher Zeit machen wollte. Und nun natürlich nicht mehr schafft.

K wie Klassen

Manchmal ist es verrückt. Da sieht eine Kollegin total fertig aus und man mag sie kaum ansprechen. Und wenn man es dann doch tut, stöhnt sie laut und deutlich und sagt, dass es an dieser Klasse liegt. An welcher? Na, an dieser einen, schlimmen, unerträglichen Klasse. Und dann dieser peinliche Moment, diese Stille, in der man zugibt, dass man nicht nur Klassenlehrer ist, sondern super mit der Klasse auskommt.

Das muss natürlich nicht bedeuten, dass man selbst der Superpädagoge ist, während die besagte Kollegin nichts auf die Reihe bekommt. Meistens gibt es dieselbe Szene nämlich nochmals genau anders herum. Warum das so ist? Nun, wenn man von Klasse spricht, meint man ja meistens 20 bis 30 einzelne Personen, die jeden Tag miteinander zurechtkommen müssen. Zu jeder Tageszeit, egal, wie es ihnen gerade geht, woran sie denken oder was sie gerade beschäftigt. Insofern ist es nicht verwunderlich, wenn dieselbe Klasse einmal so ist und einmal so.

Wichtig ist aber, auf eine Form des Nicht-Funktionierens nicht mit immer mehr Druck zu reagieren. Im Gegenteil: Manchmal funktioniert eine Klasse eben in einem Fach nicht, und dann lohnt es sich, zu fragen, woran es denn liegt. Manchmal sind es Kleinigkeiten, die sich vielleicht hochgeschaukelt haben. Oder keiner weiß, was das Problem ist, aber das ist dann zumindest eine Gemeinsamkeit.

Eine professionelle Art, mit Klassen umzugehen, ist es, einen Feedbackbogen herauszugeben. Natürlich muss vorher sicher sein, dass keiner, der Rückmeldung gibt, Konsequenzen zu fürchten hat. Dieses Feedback hat zwei Funktionen. Zum einen weiß man als Lehrer selbst, wie man sich verbessern kann. Meist sind das Dinge, die man zuvor gar nicht auf dem Plan hatte. Ein solches Feedback ist also eine echte Lernchance.

Auf der anderen Seite nimmt man die Klasse so ernst. Die Botschaft ist: Ihr könnt etwas verändern und ich versuche, auch an mir zu arbeiten. Das ist deutlich besser, als wenn man Konflikte oder eine nicht zu greifende schlechte Atmosphäre einfach ignoriert. Oder noch schlimmer: Etwas annimmt, ohne zu fragen, und mit Druck oder Repressalien reagiert. Und wenn man es tatsächlich mit einer bestimmten Art und Weise schafft, die Klasse ins Boot zu holen, kann man vielleicht mit den Kollegen sprechen, denen es ähnlich geht. Denn wenn man zusammenarbeitet, erhöht sich die Zuverlässigkeit – auch gegenüber den Klassen.

K wie Klassenlehrer

Ein besonders intensiv geschulter Pädagoge mit buntem Pullover bastelt Kärtchen, die er im Klassenraum zu Kindermusik verteilt. Wenn die Klasse ankommt, begrüßt er jeden Einzelnen mit einem Tanz, der zu jedem Schüler passt, um dann mit einem professionell aufbereiteten Rap seine eigene Klasse zu begrüßen.

So oder so ähnlich könnte man sich das vorstellen, was man als Klassenlehrer zu tun hat. Leider ist das nicht (nur) so. Man mag fast sagen, dass die Hälfte der Zeit, die man in seiner Klasse aufwendet, aus Listen besteht. Wer bringt was mit? Wer muss noch die Datenschutzerklärung abgeben? Wer trägt in das Klassenbuch ein? Wer hat das Geld fürs Theater noch nicht bezahlt?

Das klingt nicht besonders witzig. Ist es auch nicht. Andrerseits gibt es als Klassenlehrer natürlich eine sehr schöne Seite. Im besten Fall ist man Vertrauensperson, macht Ausflüge zusammen und ist derjenige, der mit den Schülern Probleme angeht. Das führt oftmals zu einer sehr intensiven Beziehung, die anders ist, als wenn man die Klasse nur einmal die Woche im Nebenfach unterrichtet.

Generell ist der Job des Klassenlehrers besonders in der Unterstufe anspruchsvoll, da hier besonders in Bezug auf Klassenregeln viel gearbeitet werden muss. Oftmals gibt es sogenannte Klassenlehrerstunden, in denen Probleme und Konflikte besprochen werden können und in denen auch Sozialverhalten erprobt werden kann. Dies allein zu schaffen, ist aber eine Mammutaufgabe. Es lohnt sich, bei Kollegen oder der Schulleitung nachzufragen, ob es irgendwo Ordner mit Anregungen und Tipps für Klassenlehrer gibt, die man nutzen kann, solange man noch nicht alles alleine regeln kann. Wenn man dann ein großes Fundament hat, kann man auch beginnen, an seinem Klassenrap zu feilen.

K wie Klausuren

Es ist nicht selten: Jahre nach der Schule, die betreffende Person mag schon längst im Ruhestand sein, wacht der rüstige Rentner schweißgebadet auf, und schaut mit flackernden Augen um sich. Schweißgebadet versucht er, sich daran zu erinnern, was das Problem dieses Albtraums gewesen ist. Und siehe da, es waren weder Monster noch Kriegsszenarien, sondern eine Matheklausur. Oder eine Deutschklausur, was auch immer die meisten Ängste auslöst.

Dass Klausuren und Arbeiten (und ein Stück weit auch Tests) Ängste auslösen können, ist eine Tatsache, die man als Lehrer im Auge behalten sollte. Vor allem sollte man aber darauf achten, dass diese Ängste nicht berechtigt sind. Das bedeutet, dass Klausuren valide und reliabel sein müssen, und deren Bewertung möglichst objektiv.

Das bedeutet, dass nur das abgefragt werden darf, was im Unterricht behandelt wurde. Wobei man hier meistens nicht von „abfragen“ sprechen kann. Die Zeiten, in denen es lediglich darum ging, irgendein vorgefertigtes Wissen zu lernen und dann bei der Arbeit wieder rauszulassen, sind eigentlich vorbei. Es gibt solche Aufgaben, aber die finden sich im sogenannten Anforderungsbereich I. Es gibt aber noch einen zweiten und einen dritten. Diese weisen darauf hin, dass man als derjenige, der die Klausur schreibt, nicht einfach etwas „nennt“, sondern auch etwas bewertet oder beurteilt.

Bei Beurteilungen spielt das Wissen natürlich eine genauso große Rolle, denn wenn mein Wissen über einen Bereich nicht breit gefächert ist, kann ich ihn nicht bewerten. Das ist eben die Schwierigkeit bei der Erstellung von Klausuren. Im besten Fall sind sie ausführbar, wenn man genug geübt und das Thema durchdrungen hat.

Hier die Balance zu finden, ist gar nicht so einfach. Meist sind die Arbeiten zu Beginn aber eher zu einfach als zu schwer, was die Schüler nicht besonders ärgert. Zumindest ist man als Lehrer dann nicht verantwortlich dafür, dass der eigene Schüler viele lange Jahre nach dem eigenen Tod schweißgebadet aufwacht, weil das Unterbewusstsein an eine Klausur gedacht hat.

K wie Kollegen

Es ist laut. Klar, man wusste ja, worauf man sich eingelassen hat, aber dass es so unruhig wird und einem wirklich keiner zuhört, das hätte man auch nicht gedacht. Es scheint so, als habe wirklich keiner gelernt, was es bedeutet, einen mal ausreden zu lassen. Umso schöner also das Gefühl, wenn man das Lehrerzimmer verlässt und in eine Klasse geht.

Na, reingefallen? Auch wenn diese Szene ein wenig überhöht ist, gibt es schon Phasen, in denen man in einer Pause nicht eine Sekunde zum Ausruhen kommt. Der eine Kollege will den Klausurtermin besprechen, die andere Kollegin will fragen, ob Paul-Eberhard bei einem im Unterricht genauso problematisch ist. Wenn man alles geklärt und alle abgewimmelt hat, klingelt es auch schon wieder.

Andrerseits sind Gespräche mit Kolleginnen und Kollegen, zumal solche, die von gegenseitiger Wertschätzung geprägt sind, sehr wichtig. Denn es geht nicht nur darum, sich über einzelne Konflikte zu verständigen, sondern im besten Fall eine gemeinsame Linie zu finden. Davon profitieren dann alle, weil sich Schüler und Eltern, sowie andere Kollegen an etwas orientieren können. Das kann Vokabeltests betreffen, die Notengebung bei mündlichen Noten, außerunterrichtliche Veranstaltungen und vieles andere mehr.

Als einzelner Lehrer ist man nicht in der Position, dass man dies alles selbst initiieren müsste. Für vieles gibt es unterschiedliche Gremien, sei es fachliche Absprachen in Fachkonferenzen, die ganze Schule betreffende Themen in Gesamtlehrerkonferenzen, Arbeitsgruppen und so weiter und so fort.

Dabei ist es immer von Vorteil, wenn man nicht sofort voranprescht, denn man kann nicht wissen, wie sehr ein Kollege gerade belastet ist, welche anstrengende Woche die Kollegin hinter sich hat. Es dauert eine Zeit, aber es ist immer schön, wenn man sich jene Kollegen sucht, die ein wenig wie man selbst ticken. Die gemeinsame Arbeit kann dann viele Stunden Zeit ersparen, zum Beispiel wenn man Unterricht oder Ausflüge gemeinsam plant. Aber Achtung! Alles zu seiner Zeit. Nicht dass man einer jenen Kollegen wird, vor dem die Kollegen dann aus dem Lehrerzimmer fliehen.

K wie Kritik

Frau Hammer erklärt den Kindern sehr gerne, wie wichtig es ist, Kritik zu ertragen. Sie sei der Grundstein dafür, dass man besser werden könne. Frau Hammer legt darauf sehr viel Wert, damit die Kinder später zu Menschen werden, für die Kritik eine nützliche Ressource ist. Denn nur diese Menschen, so Frau Hammer, sind diejenigen, die es in der Gesellschaft, in der wir leben, weit bringen werden. Nur selbst mag Frau Hammer die Kritik nicht so. Wenn jemand das, was sie macht, kritisiert, stürzt sie sich in Grüppchen mit ihren Lieblingskollegen, um Verschwörungstheorien zu basteln und dafür zu sorgen, dass derjenige, der sie kritisiert hat, es zurückbekommt.

Das Beispiel ist natürlich total an den Haaren herbeigezogen. Zumindest würde ich mir das wünschen. Leider gibt es immer wieder solche Lehrer.

Das mag aber auch eine Berufskrankheit sein: Wer seinen Beruf danach definiert, fertig zu sein, nichts mehr lernen zu müssen und quasi am oberen Ende der Nahrungskette zu stehen, der kann eben nicht mit Kritik umgehen. Das wird aber zunehmend zum Problem. Denn so ziemlich jedes Kind hat einen Hochleistungscomputer in der Tasche, der, wenn nötig, in Sekundenschnelle überprüfen kann, ob das, was der Lehrer gesagt hat, der Wahrheit entspricht. Das heißt: Man muss mit Kritik umgehen lernen – sowohl von Schülern als auch von Lehrern. Darin liegt aber auch eine Chance.

Oftmals ist das schwierig. Denn Lehrer sind, was Kritik angeht, nun ja, eigen. Am besten erkundigt man sich, ob es Formen der professionellen Rückmeldung von Kollegen gegenüber anderen Kollegen gibt. Auch Hospitationen untereinander können sehr gewinnbringend sein. Denn meistens weist einen ein Außenstehender auf Verhaltensweisen hin, die man selbst gar nicht mehr reflektiert.

Offener Umgang mit Kritik sorgt nicht nur für eine gute Arbeitsatmosphäre, sondern sorgt auch dafür, dass es weniger Grüppchen und weniger Gründe für Verschwörungstheorien gibt. Irgendeine Frau Hammer bleibt natürlich dennoch jedem Kollegium erhalten.

L wie Lernen

Wenn man sich eine häufig genutzte Metapher in ihrem vollständigen Ekel genau zu Gemüte führt, würde Lernen ungefähr so aussehen: Zunächst würde man mit ein paar Schlucken Wissen beginnen, um dann im Laufe des Abends zu dem richtig harten Zeug zu greifen. Man würde nach und nach so viel Information in sich reinschütten, dass man schon am Abend völlig besoffen von Zahlen, Texten und Fakten ist. Schwankend würde man es noch ins Bett schaffen, gerade so, dass die toxische Suppe nicht wieder rauskommt. Und am nächsten Tag, an dem der Klausur nämlich, könnte man endlich alles, was man zuvor in sich reingesoffen hat, einfach rauslassen. Wer meint, dass ein solches „Konzept" viel mit Lernen zu tun hat, der sollte eigentlich keine Schule von innen sehen.

Nun kann man ein solches Konzept nicht in ein paar Zeilen entkräften, zumal die Frage danach, was und wie gelernt werden kann, mittlerweile den Status

eines ausgewachsenen Kulturkampfes hat. Während die einen auf selbstbestimmtes Lernen mit der nachhaltigen Formung eigener Fähigkeiten pochen, fürchten die anderen das Verschwinden „wirklichen" Wissens und versuchen mit allen Mitteln, diese Entwicklung zu verhindern. Es lohnt sich, einen Blick darauf zu werfen, was Lernen überhaupt bedeutet. Es ist, grob gesprochen, ein individueller Aneignungsprozess. Dabei ist zunächst einmal nicht relevant, ob es sich um Wissen oder Methoden handelt. Diese beiden Elemente, man könnte sie statisch und dynamisch nennen, gegeneinander auszuspielen, ist aber auch nicht zielführend. Letztlich geht es in der Schule um mehr als um starres Wissen. Es geht im besten Fall darum, handlungsfähig in die Gesellschaft entlassen zu werden.

Das mag ein wenig theoretisch daherkommen, ist aber für das konkrete Verständnis von Unterricht wichtig.

Denn wenn man Lernen als Prozess sieht, der den Einzelnen befähigt, handlungsfähig zu werden, ist viel ersichtlicher, was es heutzutage braucht: Kritisches Denken, Kommunikation, Kollaboration und Kreativität sind die Schlagworte. Die Probleme dieser global vernetzten Welt sind zu groß, als dass sie der Mensch einzeln lösen könnte.

Die große Frage für einen modernen, zeitgemäßen Unterricht ist also: Wie kann man ein Lernen fördern, das auf eine im Wandel befindliche Zeit vorbereitet? Dafür gibt es keine Antwort. Aber immerhin kann man Antworten ausschließen: Wenn die Antwort bedeutet, dass man sich ausschließlich Wissen einhämmert, das man sofort auf einschlägigen Portalen nachschauen könnte, sollte man zumindest ins Grübeln kommen.

M wie Methoden

Da war wieder so einer. Einer dieser „modernen" Lehrer, von denen man erst später mitbekommt, dass es Referendare sind. Als Schüler: Schlimm! Man muss aufstehen, irgendwie in Gruppen arbeiten, dann wieder rausgehen oder was Innovatives schreiben. Das stört die normalerweise für die Schule vorgesehene Ruhephase sehr. Und auch der Austausch mit dem besten Freund darüber, welches Mädchen gerade am besten aussieht, kann man bei so einem Hin- und Hergehoppse echt vergessen. Gott sei Dank kamen irgendwann die alten Lehrer, die mit sonorer Stimme weder Schlaf noch Gespräche störten.

In der Tat: Für manche Schüler können Referendare anstrengend sein. Aber Anstrengung ist im Schulkontext ja nicht unbedingt blöd, außer sie rührt von einer unerträglichen Stimme der Lehrkraft – aber das ist ein anderer Bereich.

Referendare gehen oft davon aus, dass sie verschiedene Methoden anwenden müssen. Grundfalsch ist das nicht, aber bei der Verwendung von Methoden geht es nicht darum, dass irgendwie Abwechslung rein muss.

Klar, ganz konkret kann es an einem Tag, an dem die Schüler in der siebten Stunde Unterricht haben, eine gute Idee sein, für Bewegung zu sorgen. Man muss nicht sportliche Übungen machen, sondern einfach dafür sorgen, dass sich die Schüler vom Platz bewegen. Vielleicht eine Umfrage, bei der alle aufstehen, die einer gewissen Meinung sind. Oder ein Austausch zwischen den Kindern, indem diese aufstehen und mit verschiedenen Klassenkameraden sprechen.

Aber normalerweise sind Methoden sehr stark abhängig davon, was man erreichen möchte. Möchte man beispielsweise ein Stimmungsbild, könnte man natürlich einfach frontal fragen. Man könnte aber auch eine Stimmungsskulptur erstellen. Die Schüler, die einer Aussage am meisten zustimmen, gehen nach vorne an die Tafel. Die, die nicht zustimmen, nach hinten. Man tauscht sich zunächst mit den anderen, die dort stehen, aus, um dann im Plenum über die Entscheidung zu diskutieren.

Das ist nur eines von hunderten Beispielen dafür, wie eine einzelne Methode nicht nur motivierend sein kann, sondern auch aus dem „Standard-Setting“ – vorne Lehrer, hinten Schüler – ausbrechen lässt. Es ist sicherlich sehr ratsam, sich nach und nach mit Methoden zu befassen, zumal im Zuge der Digitalisierung das Spektrum an möglichen Methoden noch zusätzlich erweitert wird. Ganz grundsätzlich bedeutet das Wissen darüber, dass es die verschiedensten Ansätze dafür gibt, die Schüler einzubeziehen, vor allem, dass man es ihnen nicht zu einfach macht zu schlafen. Oder mit dem Nachbarn über Mädchen zu schwadronieren.

N wie Notengebung

In der modernen Schule geht man auf jeden Schüler individuell ein. Man sieht ihn als ganzheitlichen Menschen, versucht, seine Talente zu fördern. Man inkludiert verschiedene Schüler in Klassen und gibt binnendifferenzierte Aufgaben heraus. Man ist für jeden einzelnen Schüler da und nimmt die Sorgen der Schüler ernst. Und dann haut man ihnen eine Ziffer um die Ohren. Pech, hier ist deine Note. Du bist eine Drei!

Zugegeben: Das ist etwas drastisch ausgedrückt. Aber es zeigt doch sehr deutlich, welche Probleme bei der Notengebung entstehen. Sie erfassen eben nur einen bestimmten Teil einer bestimmten Leistung zu einer bestimmten Zeit in einem bestimmten Fach.

Schüler können das manchmal nicht abstrahieren. Sie sind beleidigt oder uneinsichtig. Und das manchmal auch mit Recht. Denn Noten spiegeln nicht wider, was ein Mensch in der Lage ist zu tun. Sie sind der Versuch zu objektivieren, was eigentlich nicht objektivierbar ist.

Aus diesem Grund ist es wichtig, Noten so transparent wie möglich zu machen. Nach dem sogenannten „Transparenzerlass"* ist es beispielsweise in Baden-Württemberg Pflicht, dass Lehrer am Anfang des Schuljahrs erklären, wie sie die Noten zusammensetzen. Wie viel also mündliche Noten im Verhältnis zu schriftlichen Noten zählen, wie diese entstehen und gebildet werden.

Aber selbst dann bleibt es kompliziert. Fragen, die man sich stellen kann, sind:

- Wie werden die Tests gewertet?
- Wie oft mache ich mündliche Noten im Jahr? Im Monat?
- Was ist überhaupt eine mündliche Leistung? Was bedeutet Qualität und Quantität für die Leistung?
- Wie kann ich ein System etablieren, dass für Schüler nachvollziehbar ist?

---

* Regierungspräsidien Baden-Württemberg. Notengebung und Versetzung. https://rp.baden-wuerttemberg.de/Themen/Bildung/Schulleitung/Schulrecht/Seiten/Notengebung-und-Versetzung.aspx (aufgerufen am 05.12.2019)

Diese Fragen sind am Anfang sicherlich schwer zu beantworten. Aber es ist wichtig zu wissen, dass sie eine Rolle spielen.

Eine Sache, die klar sein sollte, aber dennoch betont werden muss: Noten sind kein Mittel der Sanktion! Natürlich kann man eine schlechte Note geben, wenn eine Aufgabe nicht gemacht worden ist oder ansonsten auch keine mündliche Leistung nach Aufforderung kommt. Aber eine schlechte Note als eine Art Bestrafung zu geben, ist nicht zulässig und auch nicht wünschenswert. Zumindest dann nicht, wenn einem etwas daran liegt, ein gesundes Verhältnis zu den Schülern und der ganzen Klasse aufzubauen.

Wenn man das erste Projekt durchgeführt hat, bei dem alle so beschäftigt sind, dass sie gar nicht danach fragen, ob es eine Note gibt, stellt man schnell fest, welche Qualität das hat. Es geht eben nicht immer nur um Ziffern.

N wie Netzwerk

„Mein Schatz“ raunt es aus dem Büro. Die geschwollenen Augen schauen ganz verzückt auf Jahrzehnte von Arbeit, die gehortet worden sind. Kein anderer darf daran, keiner darf davon profitieren. Der Lehrer ist als Einzelkämpfer der Gollum der Berufe.

Zumindest war es einmal so. Das mag vielerlei Gründe haben. Einer ist sicherlich, dass man als Lehrer nach und nach so vorbereitet, dass es am besten zum eigenen Stil passt. Nicht jeder kann mit den Materialien von anderen arbeiten. Wenn es aber heutzutage um Lernnetzwerke geht, dann geht es um mehr als ums Kollegium. Still und heimlich und weitestgehend unbemerkt von der Öffentlichkeit haben sich auf Twitter® und Instagram® Netzwerke von Lehrerinnen und Lehrern gebildet, die über Bildung diskutieren, Materialien tauschen und sich Anregungen geben. Unter Hashtags wie #twlz, die verkürzte Form von #twitterlehrerzimmer und anderen Hashtags kann man zunächst einmal sehr schnell Mitstreiter finden, die einem weiterhelfen können.

Je größer das Lernnetzwerk, desto eher findet man jemanden, der weiterhelfen kann. Aber auch am Anfang geht das, zumindest, wenn man jemanden kennt. Sie können es ausprobieren, wenn Sie sich bei Twitter® anmelden und dem Autor folgen. Wenn Sie hinter Ihre Frage ein @blume_bob hängen, dann sehe ich, dass Sie mich erwähnt haben und helfe gerne. Oder aber ich habe eine Frage, und Sie haben Ideen für mich. So profitiert jeder von jedem. Diese Art der Vernetzung ist viel wert und so mancher sagt, sie sei ergiebiger als jede Fortbildung auf dem Markt. Es sei denn, Sie wollen später mit großen Augen auf einen Berg von Material schauen und mit unheimlichem Tonfall „Mein Schatz!“ flüstern.

O wie Ordnungssysteme

Das, was zu Beginn der Ferien, heiß und nass auf die zahlreichen Blätter, Organisationslisten, Materialien, Notizen und Kalender tropft, sind meist die Tränen derer, die es innerhalb des Schuljahrs versäumt haben, ein ordentliches Organisationssystem zu etablieren. Aber diese Tränen müssen nicht sein. Mit dem richtigen System kommen die Tränen in den Ferien zwar immer noch. Dann aber vor Glück.

Von „dem" richtigen System zu sprechen, verbietet sich eigentlich, weil es natürlich sehr verschiedene Arten von Ordnung gibt. Aber grundsätzlich kann man schon sagen, dass es sehr viel Zeit spart, sich darüber Gedanken zu machen. Das beginnt beim Terminplaner. Man braucht einen, und zwar nur einen, auf den man sich verlassen kann. Der Terminplaner ist das Herz des Systems, weil man all das, was man hier notiert, nicht im Kopf herumtragen muss.

Das Nächste, über das man sich Gedanken machen sollte, ist die Frage danach, wie man Arbeitsblätter und all das ordnet, was die Schule betrifft. Sehr praktisch ist ein dreigliedriges System: eine Ordnungsmappe für all das, was man in der Woche braucht. Dann ein Hängeregister, in das man die verschiedenen Wochen schnell überführen kann. Und die guten alten Ordner, in die man jene Materialien einbindet, die man später nutzen möchte.

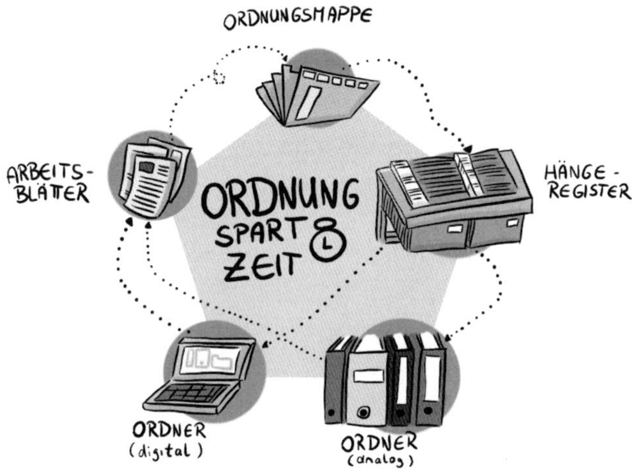

Das ist natürlich alles nur analog. Sehr praktisch ist es, wenn man auch digital ein gutes System etabliert. Die Frage ist dann immer: Ordnet man nach Klassen, nach Fächern, nach Schuljahren oder hat man ein ganz anderes System? Die Frage ist schwer

zu beantworten, denn die Systeme verändern sich im Laufe der Zeit. Ein Beispiel: Wenn man Unterricht plant, kann das für die eine Klasse passen, für die andere nicht, weil sie schneller oder langsamer lernt. Aber das Material, das man selbst erstellt hat, kann man für lange Zeit nutzen. In dem Fall gibt es also beispielsweise einen unabhängigen Ordner für Material, den man immer wieder nutzen kann.
So oder so: Man sollte das System aus der Praxis heraus etablieren, dann aber konsequent bleiben. Denn zum einen spart man so Unmengen an Zeit. Und die kann man im Schuldienst nun wirklich gut gebrauchen. Und zum anderen sind Glückstränen viel schöner als jene, die man aus dem Wissen um das eigene Versäumnis vergießt.

P wie Pädagogik

Ein Schüler meldet sich, weil diejenigen, die die Hausaufgaben nicht haben, aufzeigen sollen. Er wird nach vorne gebeten. Er soll die Matheaufgabe, die zu erledigen war, an der Tafel rechnen. Er kann es nicht. Der Lehrer lächelt. Er besteht darauf. Irgendwann folgt ein Satz, der nochmals darauf hinweist, wie schlimm es war, dass der Schüler die Hausaufgaben vergessen hat. Er darf sich wieder setzen. Erniedrigt befolgt er die Anweisung.

In diesem Fall würde ich mir wünschen, dass ich mir die Szene ausgedacht habe. Sie ist aber leider wahr. Ich habe sie in meinem Referendariat erlebt. Und schlagartig wurde mir bewusst, was pädagogisches Totalversagen bedeutet. Natürlich ist es wichtig, dass Schüler die Hausaufgaben machen. Und immer wieder hinterher zu sein, dass sie dies auch tun, kann ganz schön zermürben. Aber das rechtfertigt kein Verhalten, dass die eigene Dominanz missbraucht.

Pädagogik kann nicht mal eben erläutert werden. Sie bedeutet im besten Fall eine theoretisch untermauerte, reflektierte Praxis der eigenen Erziehungstätigkeit. Genau hier liegt aber eine der zentralen Aufgaben jeder Lehrperson, insbesondere dann, wenn man als Quereinsteiger in den Beruf kommt: das eigene Verhalten zu reflektieren und zu überprüfen, inwiefern es dazu beiträgt, dass in einer entspannten, von gegenseitigem Respekt geprägten Lernatmosphäre miteinander gearbeitet werden kann.

Das mag sich etwas vage anhören, ist aber das Wichtigste, was man sich vorstellen kann. Denn Angst, Stress oder Druck stehen dem eigenen Lernen fundamental entgegen. Insofern bedeutet pädagogisches Handeln auch immer Wertschätzung gegenüber den Kindern und Jugendlichen und echtes Interesse, was sie bewegt. Das heißt nun nicht, dass man in jeder Stunde nachhaken muss, was bei jedem Einzelnen los ist. Das werden sie auch kaum sagen. Aber es bedeutet, im Hinterkopf zu haben, dass Kinder weder Computer noch Befehlsempfänger sind, sondern Individuen, die sich oft in einer Phase des Lebens befinden, in der man noch nicht weiß, wer man überhaupt ist. Und wer man sein will. Insofern braucht es mehr Verständnis und weniger Lehrer, die versuchen, ihre Macht auszuspielen.

Q wie Qual

Wenn man um sich schaut, könnte man meinen, die Zombieapokalypse ist ausgebrochen. Überall schauen die Menschen auf den Boden, ihre Augen zeugen von wenig Schlaf, ihre Münder sind nach unten gezogen. Nun nicht den Fehler machen und jemanden ansprechen, sonst wird man gebissen. Klausurenzeit ist Zombiezeit.

Es gibt in jeder Firma Phasen, in denen es besonders heiß hergeht. In den ersten Jahren in der Schule ist das JEDER TAG! Das ist vor allem deshalb so, weil man so viele Dinge auf einmal tun muss. Man muss sich organisieren, planen, mit den vielen Neuigkeiten umgehen. Die Informationen verarbeiten und so weiter und so fort.

Über Lehrer wird ja oft gesagt, dass sie Mimosen sind. Das mag auf manche zutreffen, aber es liegt auch an der Arbeitsbelastung. Die muss nichts damit zu tun haben, dass man quantitativ viel zu tun hat. Natürlich ist man nicht entspannt, wenn man noch siebzig Klassenarbeiten auf dem Schreibtisch hat. Und die normale Arbeit geht ja auch weiter.

Vor allem ist es quälend, wenn man weiß, was bei einem Kind zu Hause passiert. Und man kann vielleicht nicht helfen. Oder was man versäumt hat, obwohl man es besser hätte wissen können. In der Schule gibt es viele Unwägbarkeiten, die einen quälen können. Und damit sind nicht unbedingt nur Konferenzen gemeint, die auch nicht gerade vergnügungssteuerpflichtig sind. An Phasen, in denen es sehr viel zu tun gibt, sei es, weil Kollegen fehlen oder, weil gerade Abitur oder eine sonstige Klausurenphase ist, kann man nichts ändern.

Was man ändern kann, sind die Faktoren, die für zusätzlichen Stress sorgen. Wenn man Ordnung hält (➪ Ordnungssysteme) und auf sich achtet (➪ Ruhe), dann ist es wahrscheinlicher, dass man die Zusatzbelastung besser verpacken kann, als wenn man zusätzlich daran denken muss, was man alles vergessen könnte. Immerhin sorgt das dafür, dass es nicht so viele Zombies im Lehrerzimmer gibt, dass man schon von einer Apokalypse sprechen müsste.

R wie Ruhe

Es gibt diese Momente, in denen man in der Klasse steht, während gerade um einen herum ein Erdbeben zu beginnen scheint. Einer schreit, weil ein anderer ihm an den Haaren zieht. Jemand will aufs Klo. Ein anderer hat seine Flasche auf mehrere Hefte ausgeschüttet. Ein dritter weint, weil er die Hausaufgaben nicht findet. Die anderen können sich nicht konzentrieren und schreien so laut, dass sie sich nicht konzentrieren können, dass sich keiner mehr konzentrieren kann. Und man selbst? Man hat dieses Bild im Kopf, wie man auf einem Berg steht, auf die Ebene schaut. Die Sonne scheint einem ins Gesicht, während der Nebel über den Wald wabert. Der nächste Schrei bringt einen leider wieder zurück in die Realität.

Ruhe ist als Stichwort doppelt bedeutsam. Zum einen, weil der Lehrberuf vor allem im Privaten einfordert, dass man sich Zeiten nimmt, in denen man zur Ruhe kommt. Dieses Zur-Ruhe-Kommen muss nicht bedeuten, dass es still ist, sondern bezeichnet vielmehr Phasen, in denen man für sich ist und etwas tut, das einem selbst guttut.

Was diesen Punkt angeht, ist auch die Schule in der Pflicht. Meistens gibt es ein sogenanntes „Raumproblem", was bedeutet, dass es eigentlich sowieso schon zu wenige Räume für zu viele Leute gibt.

Dennoch gibt es in vielen Schulen Fachräume, in denen man zur Ruhe kommen oder für einen kurzen Augenblick die Beine hochlegen kann.

Zu Hause ist dies ebenso wichtig, da der permanente Lautstärkepegel einem sonst an die Nieren gehen kann. Empfehlenswert sind einfache Spaziergänge, am besten dort, wo man keinen anderen Menschen begegnet. Und auf diese Weise muss man sich auch nicht in die Natur imaginieren.

R wie Reduktion

Es könnte so einfach sein: In der Stunde erläutert man den Schülern, was sie alles zu wissen haben. Dann gibt man eine Leseliste heraus und fordert die Klasse auf, die Bücher bitte in drei Wochen alle gelesen zu haben. Kann man machen. Wird nichts bringen.

Eine wichtige Aufgabe des Lehrers ist die didaktische Reduktion. Das kann auch bedeuten, dass man die Schüler dabei begleitet, den Kern einer Sache herauszufinden, aber meistens findet diese didaktische Reduktion schon in der Planungsarbeit statt.

Vor allem für jene, die aus der Universität kommen, ist diese Reduktion sehr schwer. Kein Wunder: Wenn man es gewöhnt ist, ein Thema von vorne bis hinten zu verstehen, zu systematisieren und aufzubereiten, dann kann man sich nicht vorstellen, wie man all das nun in eine Einheit bringen kann. Oder in eine

Stunde. Wie zum Teufel soll man denn Goethes Faust, über den es weit mehr als zehntausend Publikationen gibt, in sechs Wochen an die Schüler bringen? Nun, natürlich gibt es zu allen möglichen Themen schon Lehrerhefte und Handreichungen, die meist auch in der schuleigenen Bibliothek zu finden sind. Aber insgesamt bleibt es dennoch die Aufgabe des Lehrers, den „Stoff" so zu reduzieren, dass er für die jeweilige Klassenstufe nachvollziehbar ist.

Dafür ist es sehr wichtig, das Konzept der „Sache" bzw. des „Lerngegenstands" zu verstehen. Denn bei der Reduktion geht es nicht nur darum, das Thema einzugrenzen, sondern den Fokus auf das zu richten, was für das Thema eben am Wichtigsten ist. Dies sei an einem Fahrrad erklärt: Man könnte nicht sagen: „Das ist ein Fahrrad und nun schaut, aus was es besteht." Sondern man würde eher sagen: „Zunächst schauen wir uns den einen Reifen an." Dann würde es um die Funktion gehen, die Bestandteile, die Materialien.

Ähnlich kann man sich das bei fast allen Themen vorstellen. Man zerlegt das Thema in jene Brocken, die für das Verständnis am wichtigsten sind. Natürlich gibt es auch Gegenstände, die umfangreicher sind. Die Schüler sollen nicht alles in mundgerechten Stücken bekommen. Dennoch bleibt es aber wichtig, dass das Material so vorbereitet ist, dass sie es schaffen, das Grundlegende zu verstehen.

S wie Sanktionen

Wann immer man an dem kleinen Zimmer mit dem Fenster vorbeigeht, kann man einen armen Schüler dabei beobachten, wie er angestrengt dabei ist, ein Blatt vollzuschreiben. Er schreibt und schreibt und schreibt. Und nach zwei Stunden, als er endlich fertig ist, ist klar, dass er niemals wieder Fehlverhalten an den Tag legen wird. Ganz sicher. Oder? Er lächelt.

Sanktionen sind ein normaler Bestandteil der Schule. Die Frage danach, welche Sanktionen sinnvoll sind, wird immer wieder diskutiert. Als Lehrer hat man laut Schulgesetz die Möglichkeit, Erziehungsmaßnahmen durchzuführen, die den Schüler dazu verdonnern, den versäumten Unterrichtsstoff nachzuholen. Bei schlimmeren Vergehen findet eine Klassenkonferenz unter Leitung des Schulleiters statt und entscheidet über Ordnungsmaßnahmen.

Bevor man aber auf die Frage eingehen kann, was eine sinnvolle Sanktion ist, sollte man sich immer die Frage stellen, inwiefern eine Sanktion überhaupt zielführend ist.

Denn wenn interveniert wird, weil ein Fehlverhalten an den Tag gelegt wurde, dann ist das Kind meist schon in den Brunnen gefallen. Natürlich kann es, in einem gravierenden Fall, nötig sein, eine Erziehungsmaßnahme zu verordnen. Zum Beispiel, weil ein Fehlverhalten immer wieder angemahnt worden ist, sich aber nichts verbessert hat. Diese Möglichkeit der Verbesserung sollte immer eingeräumt werden. Ein Plädoyer also dafür, nicht mit Kanonen auf Spatzen zu schießen. Wenn die Sanktion sofort ausgesprochen wird, dann ist das meist ein Zeichen dafür, dass es zu schnell geht. Es gibt natürlich Ausnahmen, zum Beispiel körperliche Gewalt.

Generell hilft es immer nachzuvollziehen, warum ein Fehlverhalten überhaupt geschieht. Man muss sich als Lehrer nicht jeden Schuh anziehen. Aber Verständnis dafür, wie es zu bestimmten Situationen kommen kann, hilft, dass man einvernehmlich darüber spricht, wie die Situation sich verbessern kann.

Transparente Kommunikation darüber, was erwartet wird (➪ Grundsätze), ist deutlich besser, als bei jeder Gelegenheit eine sofortige Sanktion auszusprechen, zumal dies dazu führen kann, dass das Bestrafen inflationär wird. Und das hilft nicht gerade dabei, von Schülern respektiert zu werden. Wenn am Ende alles Reden nichts bringt und keine Einsicht gezeigt wird, dann ist das Zimmer mit dem Fenster immer noch eine Option.

S wie Schüler

Die Atmosphäre ist gespannt und fokussiert. Das Thema, das Sie gerade erläutert haben, ist so mitreißend, dass ausnahmslos alle dabei sind. Alle? Sie lassen den Blick schweifen. Alisia schaut zwar gespannt, allerdings aus dem Fenster. Ben kritzelt auf einem Blatt Papier vor sich hin. Luis starrt die Decke an und Sarah scheint ein winziges Haar gefunden zu haben, das sie nun mit der intensiven Betrachtung einer Forscherin untersucht. Wenn Sie ehrlich sind, gibt es eigentlich nur einen, der zur Arbeitsatmosphäre beiträgt: Sie! Wie aber bekommen Sie es hin, dass 28 Teenager tatsächlich hingerissen sind von den Themen, die Sie ihnen anbieten?

Machen wir es kurz. Die eigentliche Antwort auf die Frage ist: Nie! Aber das ist auch nicht schlimm. Nicht, dass Sie es nicht versuchen sollten, Themen so zu gestalten, dass deren gemeinschaftliche oder

selbstständige Bearbeitung Interesse hervorruft. Denn das sollen Sie unbedingt. Jedoch sind Sie im besten Fall sowohl Experte als auch Enthusiast, was Ihr Thema betrifft. Die Schüler sind (zunächst) beides nicht. Vielleicht haben sich ihre Eltern am Morgen gestritten, vielleicht haben sie selbst gerade Streit mit der besten Freundin. Vielleicht liegt gerade eine Mathearbeit hinter den Schülern und sie sind noch aufgeregt. Vielleicht haben sie Liebeskummer oder werden in den Pausen geärgert. Es gibt Hunderte Gründe, warum Schüler gerade mit ihren Gedanken woanders sind. Dass Sie als Lehrer natürlich Ruhe und Konzentration einfordern, ist klar. Aber sich daran zu erinnern, dass Jungsein auch bedeutet, oftmals mit vielen Dingen gleichzeitig beschäftigt zu sein, ist wichtig. Denn das führt zu mehr Gelassenheit im Umgang mit den Schülern. Und dies wirkt sich im besten Fall auf eine Atmosphäre aus, die tatsächlich gespannt und fokussiert ist. Zumindest ein bisschen.

S wie Sozialformen

Ein netter jungen Mann hält die Tür auf, eine nette junge Frau macht den Platz im Bus frei, sodass sich ein älterer Herr setzen kann. Wandersleute begrüßen sich freundlich und wünschen einen schönen Tag. All das könnte man für sehr vorbildliche Sozialformen halten. In der Schule geht es dabei aber um etwas anderes.

Sozialformen in der Schule bezeichnen die Art und Weise, wie Schüler miteinander interagieren. Dafür gibt es so viele Abkürzungen, wie es Länder gibt. Bildungsföderalismus sei Dank! Einige Sozialformen sind aber auch als Abkürzung über die Ländergrenzen verständlich: PA für Partnerarbeit. GA für Gruppenarbeit. Bei SP für Schülerpräsentation gibt es schon Unterschiede und bei LSG für Lehrer-Schüler-Gespräch wird es wohl mehr als eine Abweichung geben.

Im Referendariat muss man die Angaben über die Sozialform in jedem Stundenverlaufsplan aufführen. Und dies nicht nur, damit nachvollziehbar ist, welche Sozialform angewendet wird, sondern ob überhaupt ein Wechsel stattfindet. Grob vereinfacht könnte man sagen: Ein Unterricht, der nur LSG ist, kann nicht besonders abwechslungsreich sein.

Genau wie bei Methoden (➪ Methoden) oder Unterrichtsphasen (➪ Einstiege, ➪ Erarbeitungsphase) ist es wichtig, dass die Sozialformen danach gewählt werden, was das Ziel der jeweiligen Phase ist.
In einem Partnergespräch kann zunächst einmal erörtert werden, was über das Thema überhaupt bekannt ist. In einer Gruppenarbeitsphase kann sich über bestimmte Dinge ausgetauscht werden. Oder die einzelnen Mitglieder geben eine Rückmeldung über Produkte, die die Schüler hergestellt haben. Bei einem Produkt kann es sich auch um einen Text handeln. Das bedeutet freilich nicht, dass in jeder Stunde zwanzig Mal die Sozialform gewechselt werden muss. Und nebenbei: Auch die EA, die Einzelarbeit, ist eine Sozialform.
Was es aber schon bedeutet, ist, dass man die Frage, wie die Schüler sich einem Thema oder einer Methode am besten nähern, gestellt werden muss. Wenn sie dann auch noch die Tür aufhalten oder nett grüßen, hat man alles richtig gemacht.

S wie Stimme

Es gibt diese Stimmen, die setzen schon beim hohen C an. Alles, was dann folgt, ist entweder unerträglich oder in einem Spektrum angesiedelt, mit dem man Katzen verscheuchen kann, das aber für das menschliche Gehör nicht mehr wahrnehmbar ist. Wenn die Lehrperson dann laut werden muss, klingt es eher, als sei jemand auf eine Maus getreten.

Für die Stimme kann man nichts. Allerdings ist sie als alltägliches Instrument extrem wichtig. Zwar ist es deutlich wichtiger, in der Lage zu sein, für Ruhe zu sorgen (⇨ Ruhe), als laut schreien zu können.

Aber es reicht auch nicht, immer nur in seiner normalen Lautstärke zu reden. Das bedeutet, dass es sich lohnt, Fortbildungen in diesem Bereich zu machen. Oder aber, man geht direkt in Richtung Theater oder Gesang, da ist die Stimmschulung schon inbegriffen.

Wenn man für beides keine Zeit hat, helfen schon einige Übungen. Beispielsweise kann man die Buchstaben S, F, und Sch nach vorne pusten, als würde man eine Feder in die Luft pusten. Das macht man zunächst mit jedem Buchstaben in einzelnen Stößen. Dann abwechselnd und schließlich durchgehend. Dabei muss man darauf achten, dass man nicht „aus dem Hals" bläst, sondern so, dass der Unterbauch sich aufbläht und dann die Luft entlässt. Wenn man auf diese Weise seine Stimme schult, dann hilft das auf längere Sicht dabei, dass die Stimme nicht wegbricht. Und nicht so zu klingen, als hätte man gerade einen Nager zertreten. Ist ja auch nicht so schlecht.

T wie Transfer

Man stelle sich vor, dass jemand Auto fahren lernt. Er übt und führt seine praktischen Fahrstunden durch. Nach und nach wird er besser, bis die Prüfung kommt. Einige problematische Stellen werden gemeistert und der Führerschein wird übergeben. Und dann erst hört dieser Fahrer davon, dass er auch andere Pkw fahren soll. Das geht aber leider nicht. Er kann nur mit dem Fahrschulwagen fahren.

Was wäre ein solcher Führerschein wert? Nichts. So ähnlich ist es dann im Unterricht, wenn Schüler nach einer oder mehrerer Stunden nur in der Lage wären, die Aufgabe zu lösen, die zuvor vorgegeben worden ist. Strenggenommen würden die Schüler gar nichts gelernt haben. Vielleicht konnten sie sich merken, was der Lehrer gemacht hat, um letztendlich alles genau so zu wiederholen. Das ist nicht der Sinn der Sache (➪ Lernen). Insofern versucht man im Unterricht, wann immer es geht, eine oder mehrere Transferphasen einzubauen. Sie liegen meist am Ende der Stunde.

Während der Einstieg auf das Thema bzw. den Gegenstand hinführt und die Erarbeitungsphase die Grundlagen legt, ist der Transfer die Phase, in der die Schüler die Erkenntnisse oder erworbenen Methoden nun auf einem anderen Feld, bei einem anderen Thema oder bei einem anderen Problem anwenden können. Der Transfer ist damit die Königsdisziplin, denn hier können Schüler auch feststellen, ob sie in der Lage sind, die erworbenen Fähigkeiten auf andere Gebiete anzupassen. Im besten Fall sollte das immer funktionieren. Und in einem noch besseren Fall versucht man, den Unterricht auch danach auszurichten, dass am Ende eine Kompetenz steht, das heißt also eine Fähigkeit, die sich außerhalb des Kontexts, in dem sie erworben wurde, anwenden lässt.

Schafft man dies, entlässt man Jugendliche aus der Schule, die in der Lage sind, mit den erworbenen Fähigkeiten Probleme zu lösen, die ihnen vorher unbekannt waren. Und das ist in der dynamischen Welt, in der wir leben, eine wichtige Kompetenz. Und den Führerschein können sie dann auch gebrauchen. Wobei man ja heutzutage besser mit dem Fahrrad fährt.

T wie Teilzeit

Man hat nur die Hälfte der Stunden, klar. Das heißt, man muss gar nicht so viel machen. Nur noch ein Gespräch und eine Konferenz. Nur noch einen Anruf und ein paar Mails abrufen. Nur noch in einige Arbeitsgruppen. Nur noch Material sichten und vorbereiten. Nur noch die Arbeiten korrigieren und die neue Prüfungsordnung studieren. Teilzeit ist echt erholsam.

Spaß beiseite. Teilzeit bedeutet in der Schule, dass man nur einen Teil der veranschlagten Stunden für ein volles Deputat (➪ Deputat) hält. Die Deputate sind in den Ländern unterschiedlich geregelt. Ein volles Deputat im Gymnasium in Baden-Württemberg sind 25 Stunden. Das sind also die Stunden, die man vor der Klasse steht.

Teilzeit kann bedeuten, dass man „nur“ einen Bruchteil der Stunden nimmt, weil man Familie hat oder aus anderen Gründen. Diejenigen, die Teilzeit unterrichten, müssen aber immer wieder darauf achten, dass dies bei den zahlreichen Aufgaben berücksichtigt wird, die in der Schule noch so anfallen. Denn ansonsten wird aus dem „nur" ganz schnell eine Arbeit, die sich nach 100 % anhört. Ein sehr guter Ansprechpartner in den Schulen ist der Personalrat, der sich gegenüber der Schulleitung für die Belange der Lehrenden einsetzt und dafür sorgt, dass Teilzeit auch Teilzeit bleibt.

U wie Unterricht

Dreißig nebeneinander- und voreinandersitzende junge Leute starren nach vorne, wo ein deutlich älterer Herr oder eine Dame so lange mit klugem Gesicht und peinlichen Gesten Erklärungen von sich gibt, bis die Pausenglocke alle aus ihrer Misere befreit. Das macht keinem Spaß und man nennt es dann Unterricht. Gott sei Dank ist Unterricht heutzutage größtenteils nicht mehr so, wenngleich es noch einige unverbesserliche Kollegen gibt, deren Unterricht seit dreißig Jahren gleich geblieben ist.

In diesem Buch wurde die Unterrichtsstruktur von zwar modernem, aber klassischem Unterricht besprochen. Nach dem Einstieg (➪ Einstiege) folgt die Erarbeitungsphase (➪ Erarbeitungsphase), in der möglichst unterschiedliche Sozialformen (➪ Sozialformen) angewendet werden. Am Schluss wird dann ein Transfer (➪ Transfer) geleistet, der auf die Hausaufgabe (➪ Hausaufgaben) verweist. So einfach sich dieses Konzept anhören mag, so schwer ist es umzusetzen. Und es ist bei Weitem nicht die einzige Art und Weise, wie sich heutzutage unterrichten lässt.

Man könnte sagen: Unterricht ist der Rahmen, in dem „Lernen“ stattfindet. Allerdings wäre das insofern nicht richtig, als dass wir heutzutage quasi überall da lernen können, wo wir wollen. Vielleicht nicht das, was die Schule von einem verlangt, aber Lernen ist es allemal. Diese Form von informellem Lernen in die Schule zu übertragen, ist das Ziel vieler progressiver Kräfte, die sich beispielsweise über Twitter® vernetzen. Ihre Sicht auf zeitgemäßen Unterricht ist eine, die sich auf Selbstständigkeit fokussiert. Die Schüler sollen ihre eigenen Fragen entwickeln, diese auf ihre eigene Weise, mit ihren selbst gewählten Mitteln und in einer selbst gesetzten Zeit umsetzen. Lehrer, die schon lange in der Schule sind, neigen automatisch dazu zu sagen: Das ist unmöglich.

Gleichzeitig zeigen aber Konzepte wie eduScrum® oder agiles Arbeiten im Unterricht, dass es durchaus möglich ist, innovative Konzepte in der Schule zu fördern. Das Ganze sieht dann wenig nach dem klassischen Unterricht aus, den man vielleicht aus seiner eigenen Schulzeit gewöhnt war. Aber das muss es ja auch nicht. Vielleicht haben Sie als jemand, der aus einem anderen Kontext kommt, sogar sehr gute andere Ideen, wie Unterricht innovativ weiterentwickelt werden kann. Denn, so viel sollte klar sein, „den" Unterricht gibt es nicht. Und es bringt herzlich wenig, das, was man selbst als Unterricht erlebt hat, einfach zu kopieren. Im besten Fall ist Unterricht also etwas, was zwar endet, wenn die Pausenglocke klingelt, auf das sich aber sowohl die Lehrenden als auch die Schüler freuen.

U wie unterrichtsfreie Zeit

In der Sekunde, in der die Glocke zum letzten Schultag geläutet hat, spurten die Kollegen zum Auto, um möglichst zehn Minuten später im Flieger zu sitzen, wo sie sechs Wochen über die Ferien ihre Füße in das grünblaue Meer halten. Am letzten Ferientag kommen sie dann wieder, um schon in der ersten Woche sehr gestresst zu wirken. Klar, in den Ferien haben sie ja nichts gemacht.

Um es sehr deutlich zu sagen: Solche Lehrer gibt es. Und es gibt auch solche, die die ganzen Ferien über Schuldinge tun. Und dann darauf bestehen, dass das keine Ferien sind, sondern unterrichtsfreie Zeit. Meistens sind das eher Lehrer, die Deutsch unterrichten. Oder andere Geisteswissenschaften. Denn da muss man in der Tat sehr viel korrigieren. Allerdings muss man fairerweise sagen, dass die Sommerferien davon eher nicht betroffen sind.

Realistisch kann man sagen, dass in den Sommerferien mindestens drei Wochen komplett frei sind. In der ersten Woche nach Ende der Schule müssen oder wollen die meisten noch alles in Ordnung bringen. Sie natürlich nicht, weil sie schnell ein gutes System haben (➪ Ordnungssysteme). Dann machen die meisten Urlaub. Und eine bis zwei Wochen bevor es wieder losgeht, fangen die meisten an zu planen.

Das ist in der Tat nicht schlecht, gerade wenn man noch nicht so lange dabei ist. Man erstellt einen Jahresplan (➪ Jahresplanung), liest sich in die verschiedenen Themen ein und überlegt sich das eine oder andere, was man ansonsten im Schuljahr noch so machen könnte (➪ Hausaufgaben, ➪ Grundsätze). Alles in allem kann man also sagen, dass man es, was die Ferien betrifft, als Lehrer wirklich recht gut hat. Aber übertreiben sollte man es nicht, denn ansonsten hatte man zwar die Füße im kühlen Nass, aber den Stress in den ersten Wochen. Und das kann ja wirklich keiner wollen.

V wie Verwaltungsarbeit

„Werden sie Lehrer“, haben Sie gesagt. „Der Unterricht macht Spaß“, haben sie gesagt. Stattdessen geht der Unterricht für eine halbe Stunde nicht los. Jemand muss eine Einverständniserklärung abgeben. Ein anderer Schüler muss die Entschuldigung nachreichen. Die Klasse muss überlegen, wer etwas zu essen mitbringt. Dann muss noch die Referatsliste komplettiert werden. Wieder zurück im Lehrerzimmer findet man drei Hinweisblätter im Lehrerfach: die Tagesordnung für die nächste Konferenz. Ein Blatt für die Bestätigung der außerunterrichtlichen Veranstaltung. Ein weiteres Blatt mit Informationen zu Fehlzeiten.

Verwaltungsarbeit ist in der Schule leider allgegenwärtig. Und leider ist die Digitalisierung noch nicht so weit fortgeschritten, dass alles digital organisiert werden könnte – im Gegenteil. Man bekommt sogar ein Fax in das Lehrerfach gelegt. Ein Fax!

Insgesamt bedeutet das aber vor allem, dass man sich gut überlegen muss, wie man Ordnung (➪ Ordnungssysteme) hält.

Dies gilt insbesondere für die sogenannten personenbezogenen Daten. Die meisten Lehrer haben einen Kalender, in den sie Schülernamen notieren, sodass über das Jahr die Noten gesammelt werden können. Am Ende des Jahres muss dann alles zusammengerechnet werden, was ganz schön schwierig werden kann, je nachdem wie die Gewichtung der jeweiligen Noten ist.

Andere Lehrer sind hier schon auf digitale Lösungen umgestiegen, aber deren Nutzung ist nur in einigen Bundesländern erlaubt. In anderen muss man eine Art Nutzungsvereinbarung unterschreiben, mit der man versichert, dass man die Daten schützt. All das lohnt sich aber, denn die Arbeit, die anfällt, wenn man auch noch Noten rechnen muss, bevor man alles in das jeweilige Notenprogramm der Schule einträgt, kann gewaltig sein.

Im besten Fall kommt man auch hier zu einem System, über das man nach und nach nicht mehr nachdenken muss. Beispielsweise bietet es sich an, einen Scanner anzuschaffen oder eine dementsprechende App herunterzuladen, mit der dafür gesorgt werden kann, dass die Zettelwirtschaft auf das Mindestmaß beschränkt wird.

Wenn man die Verwaltungsarbeit in den Griff bekommt, kann man sich auch wieder auf den Unterricht konzentrieren. Also sofort nach den Listen, die wir heute mit den Schülern abarbeiten müssen.

W wie Wertschätzung

Wenn jeder, der einmal Schüler war, einen Beruf bekommen sollte, der ihn an diese Zeit erinnert, wäre er oder sie wohl Systemadministrator oder Torwart. Warum? Wenn alles gut läuft, fällt es keinem auf. Alle gehen davon aus, dass man einfach das tut, was man eben tun muss. Aber wehe, es geschieht ein Fehler. Dann ist man der Buhmann. Leider sind die meisten Lehrer so fehlerzentriert, dass sie vergessen, auf das Gute hinzuweisen.

Und das kann auf vielfältige Weise geschehen. Es ist beispielsweise extrem wichtig, auf das eigene Rückmeldeverhalten zu achten. Also darauf, wie man reagiert, wenn etwas richtig oder falsch ist. Es gibt ein ganzes Instrumentarium an Reaktionen. Dieses sollte abgestimmt werden. Wenn ein Lehrer alles Falsche verdammt, aber alles Richtige einfach so hinnimmt, ohne einen Hinweis darauf, dass es sehr gut war, kann das die Schüler enorm demotivieren.

Auf der anderen Seite ist es auch kontraproduktiv, wenn ein Lehrer jede Antwort feiert, als sei sie das Beste, was er jemals gehört hat.

Das Mittelmaß zu finden, ist gar nicht so einfach, weshalb es ständiger Reflexion bedarf. Im besten Fall wissen die Schüler, dass man sie wertschätzt, dass man ihnen zuhört und dass man sie dabei unterstützt, wenn sie Fehler machen. Aber dass man auch heraushebt, wenn etwas besonders gut gelaufen ist.

Nebenbei: Das gilt auch für die Zusammenarbeit (⇨ Zusammenarbeit) mit Kollegen. Wenn man es schafft, durch die eigenen Rückmeldungen und die generelle Haltung den anderen am Schulleben Beteiligten Wertschätzung entgegenzubringen, dann trägt das sehr zu einer gelingenden Atmosphäre bei, die für die gesamte Schule wichtig ist. Und am Ende können die Schüler vielleicht sogar Torwart werden. Oder Systemadministrator.

X wie Y bleiben ungelöst

Z wie Zusammenarbeit

In dem mit Licht durchfluteten, offenen Arbeitsraum herrscht reges Treiben. Lachende junge und alte Kollegen tauschen sich aus, erstellen gemeinsam Materialien und besprechen die wichtigsten Dinge. Es riecht nach leckerem Kaffee und Tee, insgesamt herrscht eine Atmosphäre wie in einem modernen Start-up. Zum Abschluss gibt es eine Feedbackrunde, in der jeder die Wertschätzung gegenüber den anderen zum Ausdruck bringt. Und der Unterricht ist vorbereitet. Zumindest für die nächsten Wochen.

Das ist natürlich eine Utopie, wenngleich ich nicht alle Lehrerzimmer dieser Republik kenne. Dennoch ist das Erlebnis, zusammenzuarbeiten, gerade im Lehrerzimmer ungemein wichtig (➪ Netzwerk). Wie schon angedeutet, steht dem eine Mentalität im Weg, die Einzelkämpfern eigen ist. Aber es gibt genug Schulen, in denen die Kollegen so eng zusammenarbeiten, dass sie in der Tat ganze Reihen (➪ Einheit) zusammen erstellen. Das bringt nicht nur Zeit, sondern stärkt auch das Gemeinschaftsgefühl, gerade wenn es von den Kollegen ausgeht. Ohne Impulse durch die Schulleitung wird es allerdings schwer. Denn Strukturen müssen wachsen und die Kollegen müssen erkennen, dass regelmäßige Treffen nicht mehr, sondern weniger Arbeit bedeuten.

Als Neuankömmling muss man in der Tat nicht das Rad neu erfinden. Aber zu wissen, dass Zusammenarbeit fruchtbar sein kann, ist zumindest ein guter Anfangspunkt. Wenn dann der Kaffee noch gut schmeckt, kann eigentlich nichts mehr schiefgehen.

Tipps zum Weiterlesen

Blume, Bob: Abc der gelassenen Referendare. Ein humorvoller Ratgeber für eine leidende Spezies. Hamburg: AOL-Verlag 2018.

Blume, Bob: Abc der wissensdurstigen Mediennutzer. Ein erhellender Ratgeber für die interessierte Lehrkraft. Hamburg: AOL-Verlag 2019.

Burow, Olaf-Axel: Digitale Dividende. Ein pädagogisches Update für mehr Lernfreude und Kreativität in der Schule. Weinheim und Basel: Beltz 2014.

Meyer, Hilbert: Zehn Merkmale guten Unterrichts. Empirische Befunde und didaktische Ratschläge. In: Pädagogik 10/3 (2003), S. 36–43.

Precht, Richard David: Jäger, Hirten, Kritiker. Eine Utopie für die digitale Gesellschaft. München: Goldmann Verlag 2018.

Spinner, Kaspar H. (Hrsg.): Neue Wege im Literaturunterricht. Hannover: Schroedel Verlag 1999.

Für Ihre Notizen:

Für Ihre Notizen: